KB261838

창조적 습관
Imaginative Habit

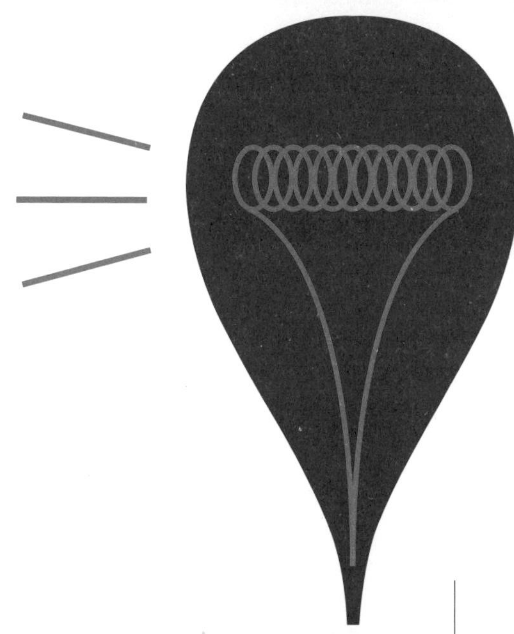

김영한 지음

창조적 습관

Imaginative Habit

for book

창의력은 습관에서 비롯된다

시대의 변화에 따라 경영의 키워드는 바뀐다. 얼마 전까지만 해도 생산성, 품질, 효율 같은 요소들이 경영의 핵심 키워드로 자주 거론되었으나 요즈음은 '창조'와 '열정'이 부각되고 있다. 이제 기업의 CEO들은 창조 경영을 강조하고 있으며 인사 담당자들은 창조적 인재를 원하고 있다.

하지만 실제 경영은 아직도 관리적인 체계로 운영되고 있다. 창조적 인재 역시 그리 많지 않은 실정이다. 기업들은 경영 문화나 직원들을 관리형에서 창조형으로 바꾸도록 노력하고 있지만 실제로 변화하는 기업의 사례를 찾기란 쉽지 않다.

왜 그럴까? 창의력이 중요하다고 강조하면서도 이를 실행할 수 있는 방법론들은 뒷받침되지 않고 있기 때문이다. 품질이 중요하게 부각되던 시기에 TQC^{Total Quality Control}나 6시그마 같은 방법론이 현업에서 실행되었던 것처럼 창의력이 중요하게 부각된 현 시점에서도 이를 실행할 수 있는 방법론과 프로세스가 마련되어야 하지만, 아쉽게도 현실은 그렇지 못하다.

누구나 창조적 습관을 길들이고 싶어하지만 그동안 관리적 습관에 익숙해진 사람에게는 쉽지 않은 일이다. 하지만 창의적 사고법과 실행 방법을 터득하게 되면 창조적 습관을 쉽게 길들일 수 있다.

그동안 창의력을 고취시키는 방법이 몇 가지 제기되긴 했지만 개인적으로 아이디어를 내는 수준이거나 창의적인 회의 스타일에 그쳤다. 트리즈TRIZ에 주목해야 하는 이유가 바로 여기에 있다. 창의력을 실무에 연결시킬 수 있는 방법론이자 프로세스인 트리즈는 현재 삼성그룹, SK 그룹, 포스코의 연구소에서 신제품 개발에 응용되고 있다.

트리즈는 러시아에서 개발된 창의적 문제 해결 기법으로, 기술 개발이나 특허 취득에는 유용하지만 내용이 어려워 그동안 일반인에게 확산되지 못했다. 2~3년 전부터 트리즈에 관심을 가졌던 필자 역시 처음에는 트리즈의 기술적인 사례들로 인해 내용을 이해하기 힘들었으나 웹사이트를 뒤져서 비즈니스 사례를 찾아내고 트리즈 전문가들을 만나서 이야기를 나눈 결과 창의적인 사고법인 트리즈를 비기술 분야에서도 얼마든지 활용할 수 있다는 확신을 갖게 됐다.

마인드맵이나 브레인스토밍이 갖지 못한 체계적인 방법론을 갖추고 있으며 아이디어를 실행에 옮기는 프로세스까지 갖추고 있다는 점이 바로 트리즈만의 강점이다. 다만 그동안 주로 기술 분야에 응용되었기 때문에 어렵게 느껴졌던 것이다.

트리즈의 기본 모델인 '모순 해결'만 제대로 이용해도 트리즈의 본질 가운데 70~80%를 활용하는 것이라 할 수 있다. 트리즈 가운데 모순 해결만 놓고 보면 6시그마와 비슷하다. 오히려 트리즈는 6시그마가 놓치고 있는 창의력 부분을 보완하는 방법과 프로세스까지 갖추고 있다.

다만 엔지니어들의 문제 해결에 주로 이용되다 보니 비즈니스적인 문제 해결의 응용 사례가 적다는 것이 단점이었다. 필자는 이 점을 보완하기 위해 제약 요소 해결 기법인 TOC^{Theory Of Constrain}의 모델을 접합시켰으며, 트리즈와 TOC을 접합한 이 새로운 방식을 트리즈맨^{TRIZman}이라 명명했다.

창조하는 것을 즐기는 사람이 되려면 먼저 창조적인 습관을 길들여야 한다. 하지만 새로운 것을 생각하고 만들어낸다는 것은 결코 쉬운 일이 아니다. 그렇다고 지레 겁먹을 필요는 없다. 방법론과 기법을 알고 있으면 창의적 사고를 하기가 훨씬 쉬워진다.

이 책은 새로운 생각, 창의적인 아이디어를 내는 데 도움이 되는 방법과 기법을 소개하는 한편 이를 비즈니스에 운용하는 방법도 설명하고 있다.

이 책은 총 네 장으로 구성되어 있다. 1장에서는 왜Why 우리는 관리적 습관에 길들여지며 트리즈에 주목해야 하는 이유는 무엇인지에 대해 알아본다. 2장에서는 창의적 습관이란 무엇What이고 어떤 과정을 거치는지에 대해 각 사례를 들어 5단계에 거쳐 설명한다. 3장에서는 창의적 사고를 어떻게How 실무에 적용하는지 여러 사례를 통해 살펴본다. 4장에서는 창조적 인재Who가 되려면 어떠한 자질을 갖추어야 하는지 예를 들어 소개한다.

이스라엘은 나라의 크기는 작지만 유대인들은 세계 각지에서 활약하면서 경제의 큰손 역할을 하고 있다. 그들은 정보를 수집하는 능력과 지혜를 활용하는 방법을 잘 알고 있으며 이를 경제 활동에서 잘 응용하고 있기 때문이다.

러시아는 자원이 미국보다 부족하지만 우주 개발이나 군사 기술에서 강대국의 면모를 보이고 있다. 이는 러시아인들이 제약적인 여건 하에서도 지식을 활용하는 트리즈적 사고에 익숙하기 때문이다.

우리나라는 우수한 인적 자원과 열정을 가지고 있다. 그러나 아직 세계 일류라 할 만한 창조성을 발휘하지 못하고 있다. 하지만 창의력을 살리는 새로운 방법을 터득한다면 우리 국민이 가진 열정과 결합시켜 세계를 깜짝 놀라게 할 창조물들을 쏟아낼 수 있을 것이다.

하지만 창의력을 이끌어내는 것 못지않게 중요한 것은 이를 습관화하는 것이다. 새로운 생각과 아이디어가 한순간 번뜩이고 지나가서는 습관이 될 수 없다. 창의적인 생각을 하는 방법론을 익히고 생활 속에서 항상 창의적인 생각을 할 때 창조적인 습관에 길들여지게 된다.

창의력은 습관에서 비롯된다는 사실을 명심하라. 창조하기를 즐거워하는 사람, 창조적인 습관을 길들이기 원하는 사람들은 이 책을 통해 매우 유익한 창의력 기법을 몸에 익힐 수 있을 것이다.

이 책이 창의력을 이끌어내고 키워나가는 불씨 역할을 할 것이라 기대한다.

이 책을 집필하는 데 많은 도움을 주었던 삼성전자, 삼성전기, 삼성경제연구소, LG전자, 동부그룹, 트리즈 코리아의 트리즈 전문가들에게 감사드린다.

2007. 9.

김 영 한

contents

창조를 즐기는 사람이 되라

2007년 7월, 상하이 아이얼AIER 병원의 컨퍼런스룸에는 160명의 중국 CEO와 병원장들이 모였다. 이들은 예메디칼 상하이에서 주관한 창조 경영 세미나에 참가한 사람들로, 필자는 이곳에서 창조 경영의 사례와 창의력 기법에 대해 강연했다. 필자가 예메디칼 상하이에 컨설팅을 하러 간 것이 2007년 1월이었으니 이 강연은 6개월 전에 기획되었던 셈이다.

한국의 예메디칼 네트워크가 투자한 예메디칼 상하이는 중국에 거주하는 한국 사람들을 대상으로 2006년에 문을 연 대형 병원으로 600평 규모에 한국 의료진과 중국 의료진 60여 명이 함께 근무하고 있었다. 하지만 이처럼 규모가 큰 병원을 한국인 환자만으로 운영해 나가기는 쉽지 않았다. 병원의 인허가 절차와 건축을 주도했던 병원 CEO는 한국 교민을 상대로 판촉 활동을 벌였지만 좀처럼 환자가 늘지 않았다. 결국 한국에서 투자한 자금만으로는 병원 운영에 한계가 있었고 중국 의료진의 서비스 수준도 향상되지 않아 상황은 점차 악화되었다.

문제는 이러한 상황에서 뚜렷한 해결책이 없다는 사실이었다. 병원 설립에 크게 기여했던 CEO는 국내의 대기업에서 근무한 경험을 가지고 있고 한인 사회에서 인맥이 좋았지만 너무 한국적이었던지라 오히려 중국인 사회를 파고드는 데에는 한계가 있었다.

상황이 이렇게 되자 한국의 예메디칼 네트워크 대표는 결단을 내렸다. 30대 초반의 젊은 CEO로 경영자를 교체했던 것이다. 젊은 CEO는 중국어도 능숙하지 못하고 상하이에 한인 네트워크에도 없는 사람이었지만 오히려 이 때문에 중국을 바로 이해하고 중국 병원으로 만드는 일에 적임이라고 판단했다.

30대 CEO가 취임하고 난 한 달 뒤, 필자는 그를 돕기 위해 상하이로 갔다. 필자는 전임 CEO도 만나고 신임 CEO도 만났으며, 한국인 의료진도 만나고 중국인 의료진도 만났다. 예메디칼 상하이는 중국 의료진이 80%이고 한국 의료진이 20%였지만 모든 경영 방식은 한국식이었다. 그것도 1980년대의 관료주의 방식이었다. 전임 CEO가 1980년대의 국내 대기업 간부 출신이었기 때문에 당시의 방식을 중국에서 그대로 적용하고 있었던 것이다.

당시 병원에서는 중국 의료진과 의사소통이 되긴 했지만 철학과 경영 방식은 제대로 전달되지 못하고 있었다. 이 때문에 말이 제대로 통하지 않는 중국인보다 한국인 위주로 환자를 유치하다 보니 한국인 환자가 90%에 달했다. 필자와 30대 CEO는 이런 상황을 어떻게 개선해야 할지 진지하게 토론했다.

우선 예메디칼 센터를 한국 병원이 아니라 중국 병원으로 만들어야 한다는 점에 공감했다. 중국인 환자의 비율을 늘리려면 우선 중국 기업

의 고객들을 개척해야 했는데, 기업 고객을 늘리기 위해 구상한 방안이
바로 중국 기업의 CEO를 대상으로 세미나를 개최하는 것이었다.

그로부터 6개월 후인 2007년 7월, 중국 CEO 160명을 초청해 세미
나를 실시했고, 결과는 성공적이었다. 세미나는 중국 경영자들에게도
도움이 되었지만 예메디칼 센터의 홍보에도 큰 도움이 되었다. 세미나
실시와 각종 아이디어 덕분에 중국인 환자의 비율은 점점 높아졌고, 결
과적으로 병원의 경영 성적도 좋아져서 예메디칼 센터의 매출은 전년
대비 20% 이상 성장했다.

50대였던 전임 CEO와 30대인 신임 CEO의 차이는 무엇일까? 경영
에 대한 경험이나 인적 네트워크에 있어서는 50대 CEO가 월등히 우수
했다. 하지만 그는 관료적인 습관이 몸에 배어 있었다. 이에 비해 30대
CEO는 경험이나 네트워크는 부족하지만 창조적인 습관을 가지고 있었

다. 그는 문제의 본질을 분석하고, 창의적인 생각으로 문제의 해결 방안
을 찾아내며, 열정적으로 실행하는 능력을 가지고 있었던 것이다.

　이처럼 지금은 관료적 습관을 가진 사람이 아닌 창조적 습관을 가
진 인재가 더 필요한 시대다. 여러분은 관료적 습관을 가지고 있는가,
창조적 습관을 가지고 있는가?

01

창의력을 향상시키는 트리즈 기법

직장에서 길들여진 7가지 나쁜 습관

기업의 창의력은 실행을 전제로 한다

트리즈의 발명과 문제 해결 과정

모순을 창조력으로 극복하는 트리즈

삼성이 트리즈에 주목하는 이유

why

IMF라는 된서리를 맞은 후 우리 기업들은 강력한 경영 혁신을 추진했다. 허약한 경영 체질을 개선하기 위해 구조 조정과 인력 절감 등을 실시함으로써 기업들을 회생시켜 나갔고, 강력한 경영 혁신으로 경쟁력을 회복했으며, 새로운 기술에 도전해 세계가 깜짝 놀랄 만한 신제품들을 쏟아냈다. 반도체, PDP TV, 휴대폰, 온라인 게임, 자동차, 조선 등은 세계적인 경쟁력을 기반으로 시장을 주도했다.

2000년대 초반, 일본은 여전히 침체기였으며 중국도 아직 경쟁력을 갖추지 못하고 있었다. 하지만 한국이 잠깐 동안의 성공에 도취되어 있는 사이 중국이 무섭게 따라붙기 시작했으며 일본도 경쟁력을 회복했다. 이 때문에 2000년대 중반부터 한국은 일본과 중국에 가로막힌 샌드위치 같은 양상이 되었다.

지금 기업의 리더들은 새로운 방향을 제시하지 못하고 있으며 직원들은 현장에서 새로운 아이디어를 내지 못하고 있다. 지난 10년 동안 IT 인프라에 투자를 하고 각종 혁신 기법을 추진했지만 이 모든 것이 경쟁력 회복에 별다른 도움이 되지 못했다.

기업들이 지난 10년 동안 추진해 온 각종 혁신 기법들로는 팀 제도,

비전 계획, 벤치마킹, BSCBalanced Score Card, 프로세스 혁신, 고객 만족, 구조 조정, ERPEnterprise Resource Planning, 6시그마 등이 있다. 이런 혁신 기법은 주로 미국의 대기업에서 실시하던 것들로, 미국의 일류 기업들은 자신의 성공에 도취되지 않고 여러 가지 기법을 다양하게 도입함으로써 끊임없이 새로운 제품을 창조하고 새로운 과제에 도전하고 있다.

우리나라의 기업들도 창조와 도전으로 승부를 걸어야 한다. 지금은 관리 중심의 혁신이 아니라 창조와 도전 중심의 혁신 기법을 실시해야 한다. 세계적으로 가장 창조적인 기업의 경영 전략과 혁신 기법을 다시 벤치마킹해야 하는 것이다.

미국의 경제 전문지인 〈비즈니스위크Business Week〉에서는 매년 '가장 혁신적인 기업The most innovative company'을 선정해서 발표하고 있다. 2006년의 가장 혁신적이고 창조적인 기업으로는 1위 애플, 2위 구글, 3위 도요타, 4위 GE, 5위 마이크로소프트, 6위 P&G, 7위 3M이 선정됐으며, 삼성전자는 17위에 선정되었다.

1, 2, 3위 기업은 업종도 다르고 국가도 다르다. 하지만 이 기업들은 다음과 같은 공통점을 가지고 있다.

· 선발주자가 아니지만 업계 1위가 되었다

· 강력한 히트 상품을 가지고 있다

· 창의력과 실행력이 뛰어나다

●동종업계의 다른 기업들은 고전하고 있지만 이 기업들은
　고속 성장을 하고 있으며 이익률도 매우 높다

　　이 기업들의 제품은 제품을 개선하려는 리더와 직원들의 노력을 통
해 더욱 강력한 힘을 발휘했으며, 이를 통해 마침내 엄청난 위력을 가진
신제품을 만들어냈다. 후발 주자였던 이 기업들이 먼저 시장에 진입한
대형 기업을 무너뜨릴 수 있었던 것은 창조적인 리더가 직원들에게 잠
재되어 있는 창의력을 증폭시켰기 때문이다.

　　20년 동안 기업체의 경영 컨설팅과 강의를 진행하며 기업의 발전 과
정을 목격했던 필자는 요즘 심각한 위기의식을 느끼고 있다. 과거 우리
나라의 기업들은 오일쇼크의 위기를 기회로 삼아 도약했고, 노사 분규
의 극심한 혼란도 극복했으며, 풍전등화 같은 IMF 위기도 이겨냈다. 가
진 것은 별로 없었지만 도전 의식과 열정이 있었기에 가능한 일이었다.

　　그러나 2000년대 중반부터는 기업들이 가진 것은 많아진 반면 의
욕과 열정은 식어가고 있는 게 아닌가라는 생각이 든다. 더욱 심각한 것
은 선진 기업들과 경쟁할 수 있는 창의력이 쇠퇴하고 있다는 사실이다.

　　지금 기업에 절실한 것은 통제와 효율보다는 창의와 열정이다.

≫ 직장에서 길들여진 7가지 나쁜 습관

군대에서는 신병이 들어오면 매와 벌로 공포 분위기를 조성함으로써 상사나 고참의 명령을 따르도록 만든다. 관료적인 기업도 마찬가지다. 계급을 통해 권위를 내세움으로써 상위직의 사람이 하위직의 사람을 통제하거나 압박한다. 이러한 통제는 효율을 추구할 때는 효과적일지 모르나 창의력은 크게 저하시킨다.

이처럼 권위적인 기업에서 길들여진 직원들의 관료적인 습관으로 는 다음과 같은 것들이 있다.

변화공포증

미국의 코넬 대학교에서는 개구리 실험을 실시했다. 건강한 개구리를 뜨거운 물이 담긴 비커에 넣으면 개구리는 밖으로 뛰어나오려고 애를 쓰지만, 찬물이 담긴 비커에 개구리를 넣고 서서히 물을 가열하면 개구리는 물이 점점 뜨거워지는 변화를 인식하지 못해 결국에는 비커 속에서 죽고 만다.

이 현상을 심리학 용어로 '삶은 개구리증후군boiled frog syndrome' 이라고 한다.

변온 동물인 개구리가 서서히 변해가는 온도를 감지하지 못하듯 현재의 안락함에 빠져 잠재된 위험을 이성적으로 인식하지 못하는 사람들이 많다.

기업도 마찬가지다. 기득권을 가진 사람들은 새로운 변화를 두려워한다. 특히 새로운 변화가 자신에게 불리한 영향이 미치지는 않을까 두려워하는 변화공포증에 걸려 있다. 하지만 환경이나 상황 변화에 따라 사고방식이나 행동 원칙을 끊임없이 조정하지 않으면 점차 퇴보하게 될 것이며 언젠가는 거대한 변화에 매몰되고 말 것이다.

목표근시안

조직행위학자인 미시건 대학교의 칼 웨익 교수는 6마리의 꿀벌과 6마리의 파리를 각각 유리병에 넣은 뒤 병의 바닥이 창가를 향하도록 눕혀놓는 실험을 실시했다. 그러자 파리는 채 2분도 되지 않아 병의 입구를 찾아내 탈출에 성공했지만 꿀벌은 끊임없이 병의 바닥에서만 출구를 찾으려고 맴돌았다.

꿀벌은 빛을 좋아하는 습성 때문에 창가가 보이는 병 바닥만 맴돌았던 데 비해 파리는 빛이 보이는 쪽이 막혀버린 상황을 인식하고 다른 출구를 찾았던 것이다.

목표는 반드시 필요하다. 그러나 단기 목표에 치우치다 보면 전체적인 상황을 파악할 수 없다. 시장 상황이 바뀌고 기술이 빠르게 변화하는데도 과거의 상황에 안주해 단기 목표만 쫓다 보면 현실과 동떨어지게 된다.

기업은 내부 혁신만 열심히 한다고 해서 고객에게 사랑 받는 것이 아니다. 고객에게 사랑 받으려면 시장 상황에 따라 고객 니즈에 맞는 창의적인 혁신을 해야 한다.

전례존중증

미국의 심리학자 솔로몬 애쉬는 사람들이 타인의 영향을 받는 정도를 연구하기 위해 대학생들을 대상으로 실험을 실시했다. 직선의 길이를 비교하는 매우 간단한 판단 실험에서 애쉬는 6명의 참가자 가운데 5명에게 일부러 틀린 답을 말하라고 요구했다. 그 결과 실제 실험 참가자도 자신의 판단을 의심하기 시작했다.

결과적으로 실험 참가자는 대체로 동조 현상을 보여 평균적으로 33%가 매번 동조했으며, 적어도 한 번은 다른 사람의 의견에 동조한 사람도 76%에 달했다.

조직 생활에서 자신의 의견과 다른 사람의 의견이 상충될 때 다수의 의견에 따르는 것도 이러한 동조 심리 때문이다. 하지만 다수의 의견이 반드시 옳다고 볼 수는 없다.

특히 조직에서는 과거에 해오던 방식, 즉 전례를 중시하기 때문에 이를 별 생각 없이 그대로 받아들이거나 전례가 잘못되었다고 생각하더라도 그 방식에 동조하게 되는 경우가 많다. 하지만 이러한 전례존중중에 익숙해지다 보면 자신이 가지고 있던 창의력은 점차 사라지고 말 것이다.

사고결핍증

미국의 루이저 로스차일드 박사는 어느 날 벼룩의 점프력을 실험했다. 벼룩은 보통 자신의 키보다 100배나 높이 뛰어오를 수 있는데, 이 벼룩들을 실험용 대형 용기에 집어넣고 투명한 유리로 덮어두자 벼룩들은 뛰다가 덮개에 부딪히고 말았다. 일정한 시간이 지난 뒤 덮개를 열었지만 이미 그 환경에 적응한 벼룩은 유리병의 덮개 높이 이상으로 뛰어오르지 못하게 되었다.

인간도 이러한 벼룩과 다르지 않은 경우가 많다. 인간의 상상력과 사고력은 무한에 가깝지만 대부분의 사람들은 자신의 사고력을 스스로 유리병 속에 가둔다. 더욱 안타까운 사실은 많은 사람들이 생각하려는 노력 자체를 포기하고 주어진 일만 한다는 것이다.

지금 사회는 상사의 지시에 따라 정해진 규정대로만 일하는 사람이 아닌 창의적인 사고력을 지닌 인재를 원하고 있다는 사실을 잊어서는 안 된다.

미래상실증

중국 중산대학교의 유천 교수는 원숭이의 시력을 실험했다. 유천 교수는 신체 상태와 시력이 비슷한 원숭이를 세 그룹으로 나눈 뒤 첫째 조의 원숭이들은 야생 동물원에서 생활하게 하고, 둘째 조의 원숭이들은 교실 크기의 동물 실험실에서 생활하게 했다. 그리고 셋째 조의 원숭이들은 우리 안에 가두어 놓았다.

실험 결과, 일정 시간이 흐른 후 첫째 조 원숭이들의 시력에는 어떤 변화도 나타나지 않았지만 둘째 조에서는 일부 원숭이들에게 약간의 근시 현상이 나타났다. 그리고 셋째 조의 원숭이들에게는 심각한 근시 현상이 나타났다.

이처럼 환경은 자신이 볼 수 있는 시야를 결정하는 데 큰 영향을 미친다. 좁은 환경에서 사소하고 작은 일에 집착하다 보면 시야가 좁아지기 마련이다.

사람에게는 꿈이 있어야 하고 조직에는 비전이 있어야 한다. 조직이 꿈과 비전을 제시할 수 있어야 직원들이 먼 미래를 계획할 수 있다.

꿈과 비전은 미래로 가는 지도이자 나침반이고 각종 어려움을 극복해 나갈 수 있는 에너지다.

정보비만증

영양학자인 프란시스 포텐저 박사는 900마리의 고양이를 두 그룹으로 나눈 뒤 한 그룹에는 살균된 우유와 익힌 음식을 주었고 다른 한 그룹에는 생우유와 익히지 않은 고기를 주었다. 그러자 생식을 한 고양이는 건강하고 활발한 반면 익힌 음식을 먹인 고양이들은 운동을 싫어하고 잠이 많아지는 결과가 나타났다. 또한 신경과민, 신장병, 심장병, 갑상선염, 치주염 등을 앓았다.

요즘 사람들은 이 고양이들과 같은 비만증에 걸려 있다. 무엇보다 심각한 것은 정보비만증이다.

만일 정보의 수집과 분석에 들이는 노력만큼 탁월한 해결책이 나오지 않는다거나, 수집한 정보가 활용되지 못한 채 산적해 있다거나, 분석을 통해 문제점을 발견하지만 해결책은 거의 찾지 못한다거나, 과거와 현재를 잘 파악하고 있지만 미래는 제대로 파악하지 못한다면 당신도 정보비만증에 걸려 있을 가능성이 높다.

만성불신증

미국 미시간 대학의 로버트 액슬로드 박사는 범죄 용의자를 대상으로 심리분석을 실시했다.

방화범 용의자 2명을 서로 통하지 않는 독립된 방에 수감한 뒤 각자 취조하는 방식이었는데, 이 취조에서 두 사람 모두 범행을 자백하면 8년간 징역 생활을 해야 한다. 한편 한 사람이 죄를 인정하고 다른 한 사람이 죄를 인정하지 않으면 죄를 인정한 사람은 풀려나지만 죄를 인정하지 않은 사람은 10년간 수감된다. 하지만 두 사람 모두 인정하지 않으면 증거 부족으로 각각 1년간만 수감된다.

이 경우 2명의 용의자가 모두 범죄 사실을 부인하면 증거 부족으로 1년간만 수감되는데도 대부분의 사람들은 서로 불신하기 때문에 자신만 풀려나기 위해 범죄 사실을 자백하고 만다.

조직 생활을 하다 보면 이와 비슷한 현상이 벌어진다. 기업들은 직원들의 업적을 평가해서 인사고과에 반영하는데, 일부 기업은 하위 등급을 받은 직원에게 인센티브에서 불이익을 주거나 심한 경우 해고를 하기도 한다. 이 때문에 사람들은 자기 대신 다른 누군가가 하위 등급을 받게 하려고 좋은 정보를 주지 않거나 내부 협력을 하지 않는다.

이처럼 불신 문화가 만연하다 보면 사람들의 의욕이나 창조성이 점점 마모된다.

조직 생활을 하다 보면 통제에 적응해 자신도 모르게 이러한 관료적 습관들이 생기게 된다. 자신의 기득권을 지키기 위해 변화를 두려워하고 다른 사람을 불신하며 남을 통제하려 드는 것이다. 따라서 경영자들은 권위와 통제를 통해 직원들을 관리해야 한다는 생각을 바꾸어야 한다. 지금은 자율과 참여를 통해 창의력을 살려나가는 새로운 리더십이 필요한 시기이기 때문이다.

기업의 창의력은 실행을 전제로 한다

창의력을 발휘하기 위한 3가지 요소

삼성은 2007년 그룹 방침을 '창조적 혁신과 도전'으로 정하고 창조 경영을 실천하도록 강력히 주문했다. 창조적인 제품을 만들어내고 창의적인 방법으로 일을 하라는 것이다.

창조 경영을 실천하기 위해서는 무엇보다 개개인의 창의력이 중요하기 때문에 삼성은 직원들을 대상으로 '당신은 창의적인가?'에 대한 설문을 실시했다. 그 결과 직원들 가운데 74%가 '나는 창의적이다'라고 응답했다.

그렇다면 삼성은 스스로 창의적이라고 생각하는 직원이 4분의 3이나 되는데도 왜 그만큼 창조적인 회사가 되지 못하는 것일까?

만일 구글을 대상으로 설문조사를 실시했더라도 비슷한 결과가 나왔을 것이다.

창의력은 기본적으로 개개인의 능력이 바탕이 되어야 하지만 뛰어난 창의력을 가지고 있더라도 창의력을 발휘할 수 있는 환경이 제공되지 않거나 동기부여가 되지 않으면 모든것이 무용지물이다.

역으로 일반 사람들도 창의력을 발달시킬 수 있는 환경이 제공되거나 기법을 습득하면 좋은 아이디어를 시의적절한 때에 낼 수 있다.

좋은 아이디어란 맨땅에 헤딩하듯 머리를 쥐어짠다고 나오는 것이 아니다. 운동선수들이 적절한 훈련을 통해 체력을 향상시키듯 아이디어도 적절한 방법이나 도구를 활용해서 훈련을 해야 한다. 가장 손쉬운 아이디어 기법으로는 마인드맵mind map이 대표적이며, 집단 아이디어 기법으로는 브레인스토밍brainstorming 법을 많이 활용하고 있다. 그리고 더욱 창의적인 문제 해결법으로는 트리즈가 있다.

창의력을 발휘하기 위해서는 능력, 동기부여, 창의력 향상 기법이 조화를 이루어야 한다. 동기부여 없이 개인의 능력에만 의존할 때는 단발성에 그치고 수많은 시행착오를 거치기 마련이며, 능력은 있더라도 동기부여가 부족하면 아이디어만 내고 일이 추진되지 않는 경우가 많다. 능력이 있고 동기부여가 되더라도 창의력을 향상시키는 기법을 익히지 못하면 매번 무척 힘들게 아이디어를 내야 하며 다른 사람의 공감을 얻기도 힘들다.

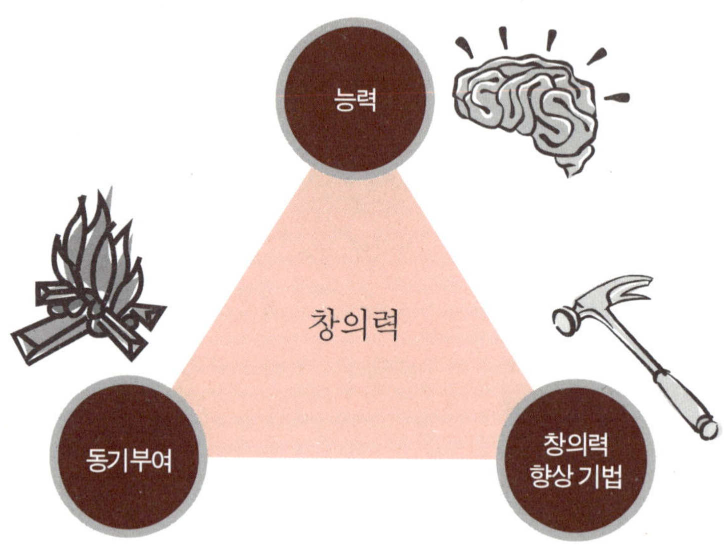

강한 정보력, 취약한 창의력

요즘은 어느 기업을 가도 사람들이 모두 바쁘고 열심히 일을 한다. 10여 년 전에 비해 직원 한 사람이 두세 사람 몫의 일을 한다고 해도 과언이 아니다. 게다가 경영 혁신으로 몇 백억 원의 비용을 절감했느니, 효율이 몇 십 퍼센트 향상됐느니 말들을 많이 하지만 어쩐 일인지 이익률은 매년 5% 이내다.

계산대로라면 그런 회사는 이익률이 10%가 넘고 이미 세계 일류 기업이 되어야 하는데 실상을 들여다보면 항상 내일 일을 알 수 없는 불안한 경영을 하고 있다.

이런 회사는 세계적으로 유명한 컨설팅 회사에서 컨설팅도 받고 IT 시스템도 완벽하게 구축하고 있어서 모든 정보를 실시간으로 처리하지만 엄청난 비용을 들여서 입수한 정보가 경영자나 간부들의 머릿속에서 살아 움직이지 못하는 경우가 많다.

현업 부서에서는 전쟁이라도 치르듯 매일같이 전략 회의를 연다. 또한 생산 공장은 바쁘게 돌아가고 영업사원은 밖에서 혈투를 치른다. 하지만 정작 본사는 고객을 감동시킬 만한 신제품이나 경쟁사를 압도할 만한 새로운 전략을 찾지 못하고 있다.

정보는 많고 전투력은 강하지만 그 정보를 이용해서 새로운 컨셉의 상품을 구상하는 기획력이나 새로운 방식의 비즈니스 모델을 만들어내는 창조력이 부족하기 때문이다.

오늘날 우리는 온·오프라인을 통해 엄청난 정보를 받아들이고 있다. 하지만 그 정보의 의미가 무엇인지, 그것이 자신에게 어떤 가치가 있는지는 잘 알지 못한다.

자신이 왜 이 일을 하는지, 어떻게 하면 남들보다 더 잘할 수 있는지, 지금의 방법보다 새로운 방법은 없는지, 창의적인 아이디어를 내서 남들과 차별적인 가치를 만들어낼 수는 없는지에 대해서는 생각해 볼 겨를도 없다.

기업이나 개인 모두 정보력은 강하지만 정작 창의적인 아이디어를 내고 새로운 컨셉을 생각해 내는 창의력은 많이 미흡한 것이다. 풍부한 정보력과 열정적인 실행력을 십분 발휘하기 위해서는 창의적인 발상력에 대한 보완이 절실하다.

창의력의 핵심은 실행력

창조와 아이디어라는 말은 널리 쓰이지만 이는 실제로 구현하기 가장 어려운 단어 가운데 하나다.

창조는 누가 어떤 일에 사용하느냐에 따라 의미가 달라진다. 창조하면 가장 먼저 떠오르는 사람이 예술가다. 그림을 그리거나 노래를 작곡하거나 글을 씀으로써 새로운 예술을 창조해 내는 예술가는 자신의 뛰어난 상상력과 남과 다른 차별성으로 창조성을 인정받는다.

과학자도 새로운 것을 발명함으로써 자신의 창의력을 입증한다. 과학자는 차별성을 확보해야 할 뿐만 아니라 차별적인 이론과 기술을 실험으로 검증해야 한다. 과학자의 창의력은 현실에서의 검증이라는 관문을 통과해야 하는 것이다.

그렇다면 기업가의 창조력은 어떠해야 할까? 기업에서는 예술가가 지니고 있는 차별성과 과학자가 지니고 있는 검증성에 하나를 더해 이익을 낼 수 있는 창조성이 요구된다. 단순히 남들과 다르다거나 차별성이 입증되는 것만으로는 부족하다. 기업에서는 차별성 및 제품으로 생산될 수 있는 과학성과 더불어 고객에게 판매되어 이익을 낼 수 있는 창조성을 지니고 있어야 한다.

이처럼 기업가에게는 예술가의 상상력이나 과학자의 창의력보다 더 높은 수준의 창의력이 요구된다. 창조란 창의idea와 실행execute에 의해 만들어지기 때문이다. 기업은 창조력을 발휘하지 못하면 생존하기 어렵다는 사실을 잘 알고 있기 때문에 창의력 향상을 위해 직원들에게 여러 가지 기법을 학습시키고 있다.

기업에서 학습시키고 있는 대표적인 창의력 기법은 마인드맵이다. 마인드맵은 생각을 그림으로 정리하고 감성적 사고를 자극한다는 점에서 유용한 창의력 기법이다. 그러나 마인드맵은 정리된 개인의 생각을

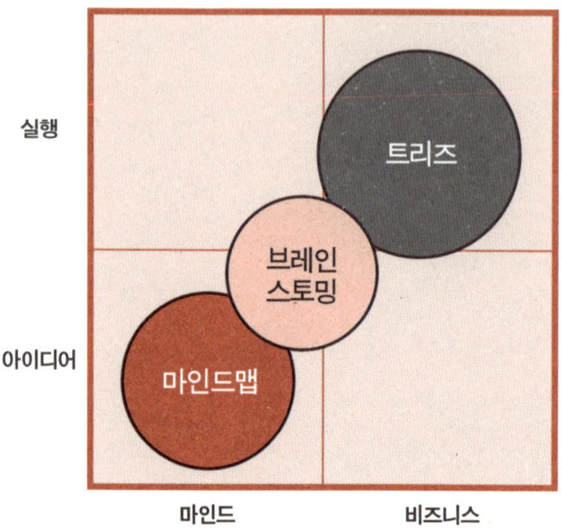

차별화시키고 입증하기에는 미흡하다.

그 다음으로 널리 이용되는 기법은 브레인스토밍이다. 브레인스토밍은 여러 사람이 모여 하나의 주제를 놓고 자유로운 대화를 통해 아이디어를 이끌어내고 정리하는 데 유용하다. 마인드맵은 개인에게 적용하기에 적합한 창의력 기법인 반면에 브레인스토밍은 집단 아이디어를 이끌어내는 데 도움이 된다.

하지만 브레인스토밍 역시 이끌어낸 다양한 아이디어를 검증하고 남다른 창의력을 발휘하는 데에는 한계가 있다.

마인드맵이나 브레인스토밍 방법은 아이디어를 이끌어내는 데에는 좋은 기법이지만 그 과정에서 시행착오를 피할 수는 없다. 시행착오를 줄일 수 있는 최적의 아이디어를 내려면 사전에 모순을 제거하는 기법인 트리즈가 유용하다.

트리즈는 문제를 모델링하여 사전에 모순을 제거함으로써 최적의 해답을 찾아내도록 해주며, 이 과정에서 기존의 사례와 원리를 제시해줌으로써 시행착오를 줄이도록 만든다. 또한 아이디어를 발상시키고 최적의 해답을 찾아서 실행에 옮길 수 있는 과정을 방법론으로 만들어 놓았기 때문에 이 과정을 거치면 바로 실행에 옮길 수 있다는 장점을 지니고 있다.

창의적인 문제 해결 방법론, 트리즈

트리즈가 만들어지게 된 배경은 다음과 같다. 구소련의 겐리히 알츠슐러Genrich Altshuller라는 한 청년은 해군에 입대하여 특허 부서에서 근무를 하게 되었다. 어느 날 선박의 용접 부서에서 특허와 관련된 기술적인 문제를 해결해 달라는 의뢰가 들어왔고 이에 알츠슐러는 뛰어난 능력을 발휘해 이 문제를 해결해 주었다.

그런데 3달 후, 잠수정과 관련한 고질적인 문제가 재발했고 이 문제에도 알츠슐러가 관여하게 되었다. 문제를 검토하던 중 그는 발생한 문제의 해결법이 3개월 전 선박의 용접 부서에서 발생했던 문제의 해결법과 일치한다는 사실을 발견했다. 이 때문에 단번에 그 문제를 해결할 수 있었고, 이로 인해 알츠슐러는 군에서 유명해지기 시작했다.

또 다시 2개월이 지나 알츠슐러는 구축함의 함포에 관한 기술적인 문제에 관여하게 되었다. 겉으로는 이제까지의 기술적인 문제들과 전혀 다른 문제인 것 같았지만 근본적으로는 지난 두 차례의 문제 해결책과 원리가 같음을 알아차렸고 곧바로 문제를 해결했다. 알츠슐러는 문제 해결에 대한 기여로 표창까지 받았다.

이에 알츠슐러는 '창의적 문제 해결에는 공통된 원리가 있지 않을까?'라는 의문을 갖기 시작했다.

알츠슐러는 1946년부터 1963년까지 17년 동안 20만 건의 러시아 특허 내용을 검토했다. 그는 특허들을 보면서 이 특허들이 가지는 공통적인 요소가 무엇인지, 일정한 규칙이 없는지 분석했다. 20만 건의 90%에 달하는 18만 건 정도까지 읽었을 때 그는 마침내 하나의 원리를 찾아냈다. 특허들의 분야와 유형은 모두 달랐지만 특허들은 모두 모두 남들이 해결하지 못했던 모순contradiction을 해결했다는 공통점을 갖고 있다는 사실이었다.

이에 모든 기술 시스템의 진화를 지배하는 객관적인 법칙이 존재한다는 확신을 바탕으로 모순을 해결하는 원리를 객관적인 법칙으로 정리한 것이 바로 트리즈다. 트리즈TRIZ는 '창의적 문제 해결 방법론Teoriya Resheniya Izobretatelskih Zadach'이라는 러시아의 약자다.

트리즈는 알츠슐러가 만들어낸 특별한 방법론이 아니다. 이는 단지 특허를 받은 사람들이 생각했던 방식을 모델화한 것으로, 천재들은 이미 이 방법을 알고 있었다고 보아야 한다. 따라서 트리즈의 방법론을 따르면 천재들이 생각하는 방식을 학습할 수 있다.

트리즈의 문제 해결 과정

알츠슐러는 20만 건의 특허를 분석하면서 모든 발명의 가치가 동일하지 않다는 사실을 파악하고 혁신을 수준별로 정리했다. 그는 혁신의 수준을 창의력의 정도에 따라 5가지로 구분했다.

수준 1 | 기술적인 단순한 개선으로, 관련된 업계에서 이용 가능한 지식을 요구

수준 2 | 기술적인 모순을 해결하는 발명으로, 관련된 업계의 다른 분야에서의 지식을 요구

수준 3 | 물리적인 모순을 해결하는 발명으로, 다른 산업으로부터의 지식을 요구

수준 4 | 다른 과학 분야의 지식을 활용한 획기적인 해결책에 의해 개발된 새로운 기술

수준 5 | 새로운 현상의 발견

이 중 수준 1은 발명과 시행착오를 반복하기 마련이지만, 수준 2, 3,

4는 시행착오를 줄이고 차별화된 최적 해결안을 만들어낼 수 있다. 수준 5의 경우는 천재라 불리는 뛰어난 사람들에 의해 우연히 발견되는 것으로, 일정한 법칙이나 공식으로 정리할 수 없다.

알츠슐러는 수준 2, 3, 4의 발명을 할 수 있는 방법을 정리하여 트리즈를 만들었다. 트리즈 방법론의 핵심은 남들이 해결하지 못한 모순을 해결하는 방법을 제시한다는 것이다.

현실적인 문제에 부딪치면 자신의 지식과 경험을 총동원하여 다양한 해결 방법을 모색하는 것이 일반적이다. 이때 좋은 아이디어가 떠올라 문제를 쉽게 해결하기도 하지만 대부분은 몇 번의 시행착오를 거치며, 해결 방안을 찾지 못할 때도 있다. 그러나 트리즈는 문제의 핵심과 그 문제 안에 숨어 있는 모순을 찾아내서 이를 해결할 수 있는 방법을

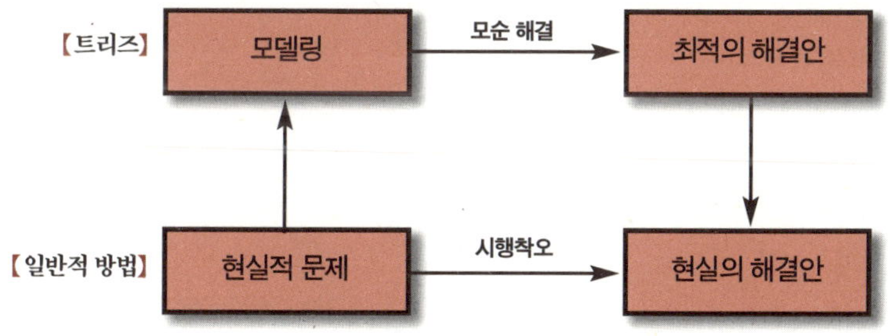

모델링함으로써 최적 해결안ideal final result을 만들어낸다.

트리즈는 데이터베이스화된 방법론을 통해 해결 원리를 추천해 주므로 시행착오를 줄일 수 있다. 무엇보다 이를 실행에 옮길 수 있는 방법을 제시하고 기술적인 해결안을 찾아주므로 아이디어 실행력을 향상시켜 준다.

아이디어 실행자 알츠슐러

알츠슐러가 창의력 방법의 최고봉이라고 할 수 있는 트리즈를 만들어 낸 과정은 매우 특이하다.

겐리히 알츠슐러는 1926년에 구소련의 타수켄트에서 태어났다. 그는 14세 때에 이미 수중 호흡 장치 개발로 특허를 받았다. 학교에서 마음에 드는 여학생이 듣는 수업을 무작정 따라 듣다가 화학에 흥미를 느꼈고, 나중에는 그녀보다 화학을 더 좋아하게 됐다.

이후 해군에 입대한 그는 이곳에서 발명의 재능을 인정받아 특허 심사관으로 일하게 되었다. 특허 심사관으로 일하면서 러시아의 특허를

20만 건 정도 검토한 그는 '서류만으로 문제의 해결책을 찾을 수 없다면 어떻게 해야 하는가' 라는 의문을 가지고 트리즈를 연구했다.

트리즈의 기초를 세운 것이 해군에서 근무하던 1946년의 일이다. 1948년 12월, 카스피 해에서 해군 대위로 근무하던 알츠슐러는 구소련의 창의력 개발 정책을 비판하면서 트리즈를 대안으로 제안하는 편지를 스탈린에게 보냈다.

'스탈린 동지에게' 라는 말로 시작하는 이 편지에서 알츠슐러는 혁신과 발명에 대한 소비에트 연방의 대응이 혼란스러우며 무지하다고 꼬집었다. 편지의 끝부분에서 알츠슐러는 다음과 같이 밝혔다. '모든 기술자들이 발명을 할 수 있도록 도와주는 이론이 존재한다. 이 이론은 매우 값진 결과를 초래할 수 있으며, 기술 세계에 일대 혁명을 일으킬 것이다.'

2년이 지난 뒤 그 편지에 대한 응답은 체포, 1년에 걸친 심문, 고문, 그리고 25년형의 유죄 선고라는 가혹한 형벌이 되어 돌아왔다. 이후 그는 시베리아의 굴락(강제 수용소)에서 감옥 생활을 해야 했다.

알츠슐러는 이 수용소에는 학자, 예술가, 지식인 같은 수많은 정치범들을 만났다. 나이 많은 학자들이 대부분이었던 수용소에서 알츠슐러는 거의 유일한 청년이었다. 그는 스스로 '1인 대학' 이라 칭하고 다양한 분야의 사람들로부터 교육을 받았다. 그는 열악한 환경을 견디며 트리즈에 대한 연구를 계속했으며, 결국 이곳에서 트리즈 이론의 세밀한 부분까지 완성했다.

스탈린이 사망한 후 1954년 알츠슐러는 석방되어 고향에 돌아왔지만 그의 어머니는 평생 자식을 보지 못할 것이라는 절망감으로 인해 자살을 하고 난 뒤였다. 이후 알츠슐러는 트리즈 이론을 통한 일체의 부와 명예를 원하지 않았으며 모든 사람이 이 이론을 가져다 쓸 수 있도록 허용했다.

1956년, 트리즈에 대한 최초의 글이 잡지에 게재되었으며, 1961년에는 트리즈에 대한 책이 최초로 출간되었다. 한편 트리즈 학교가 구소련 전역에 설립되었으며, 1990년에는 트리즈협회가 설립되기도 했다. 1998년 8월, 알츠슐러는 60여 명의 제자들에게 자신이 직접 서명한 '트리즈 마스터 TRIZ Master' 라는 자격을 부여했다.

1998년 가을, 스탈린 시절에 당한 고문으로 평생을 고통스러워하던 알츠슐러는 결국 노환으로 세상을 떠났다.

 # 모순을 창조력으로 극복하는 트리즈

트리즈의 기본은 모순 해결

트리즈는 창의적인 사고를 할 수 있는 방법론이지만 일반인들이 활용하기에는 어렵다고 인식되어 왔다. 발명가들이 낸 특허를 분석하여 원리를 추출한 것이기 때문에 다분히 기술적인 면을 강조하고 있기 때문이다.

과학자들은 자신의 새로운 아이디어를 기술로 표현하고 기술로 검증해야 한다. 따라서 기술 부분을 강조한 트리즈는 발명가들이 좋아하는 창의력 방법론이다. 이후 발명가들은 트리즈의 기본 모델에 만족하지 않고 기술적인 특성을 더욱 살릴 수 있는 다양하고 복잡한 방법론들을 추가적으로 만들어냈다. 알츠슐러가 창안한 트리즈에 새로운 방법

연도 \ 기법	모순 / 원리	효과	SFM	알리츠
1964년	16파라미터 31원리			
1971년	39파라미터 40원리	탄생		
1975년			SFM	
1977년				알리츠 77
1979년			10 스탠더드	
1985년			76 스탠더드	알리츠 85

들이 추가되자 트리즈는 갈수록 어려워졌다. 하지만 엔지니어들은 이 모든 방법을 다 습득하기를 원했고, 결국 트리즈는 복잡하고 어렵다는 인식이 형성되었다.

트리즈의 발달 과정을 보면 처음에는 모순 해결에 초점이 맞추어져 있음을 알 수 있다.

기술자가 아니라면 굳이 복잡하고 어려운 추가적인 방법을 모두 이해할 필요는 없다. 일반인이나 비즈니스맨은 트리즈의 기본 모델인 모순 해결법만 익혀도 훌륭한 창의력 기법을 익히는 것과 마찬가지다. 트리즈의 전체 기법을 100이라고 한다면 모순 해결 과정은 80에 해당된다. 다른 기법들은 모두 모순 해결법을 더욱 잘 활용할 수 있도록 도와주는 기법이라 할 수 있다.

기업의 근원적인 모순과 해결책

'아침에는 네 발로 걷고, 점심에는 두 발로 걷고, 저녁에는 세 발로 걷는 동물은 무엇인가? 스핑크스 수수께끼는 모순에 대한 질문을 인간에게 던지고 있다.

트리즈의 물리적 모순 가운데 시간 분리의 원칙에 이 수수께끼를 대입하면 '인간' 이라는 답이 나온다. 사람들에게 가장 큰 모순은 '기업' 이다. 그래서일까, 기업이라는 모순덩어리를 해결한 사람들은 반드

- 제품을 싸게 만들어서 고객에게 비싸게 팔아야 한다
- 기존의 것을 유지하면서 새로운 것을 만들어야 한다
- 경쟁자보다 적은 비용으로 더 많이 판매해야 한다
- 직원에게 급여는 적게 주고 일은 많이 시켜야 한다
- 판촉은 적게 하고 시장에 많이 알려야 한다

시 성공한다.

기업이 안고 있는 근원적인 모순은 다음과 같다.

이 가운데 가장 큰 모순은 '제품을 싸게 만들어서 고객에게 비싸게 팔아야 한다' 는 것이다. 이것이 외부 모순이라면 '직원에게 급여는 적게 주고 일은 많이 시켜야 한다' 는 것은 내부 모순에 해당한다. 이러한 모순을 잘 해결하는 사람이 최고의 경영자가 되는 것이다.

최고의 마케터는 '경쟁자보다 적은 비용으로 더 많이 판매해야 한다' 는 모순을 해결한 사람이며, 최고의 광고 전문가는 '판촉은 적게 하

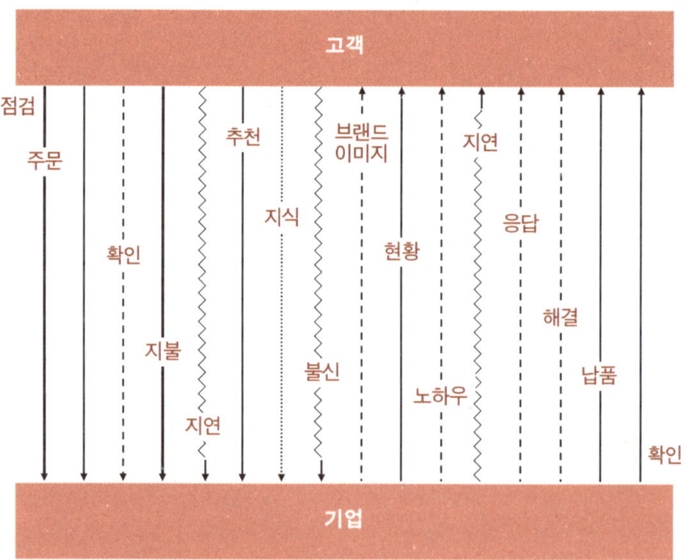

고 시장에 많이 알려야 한다'는 모순을 해결한 사람이다. 이처럼 기업 내에 존재하는 수많은 모순을 해결할 수 있는 최적의 해결책을 찾는 데에는 트리즈가 큰 도움이 된다.

이를 위해서는 앞의 그림과 같이 먼저 기업과 고객 간에 벌어지는 모든 활동과 프로세스를 분석해서 문제점을 찾아내야 한다.

그림에서처럼 기업과 고객 간에 발생하는 수많은 모순을 시기적절하게 해결해 나가는 기업이 성공하기 마련이다. 따라서 기업은 한두 사람의 아이디어를 통해 운영되어서는 지속될 수 없다. 따라서 기업 내의 모든 사람들이 창의적인 사고로 문제를 발굴하고 해결해 나갈 수 있도록 직원들의 창의력과 실행력을 향상시켜야 한다.

삼성이 트리즈에 주목하는 이유

트리즈가 러시아에서 만들어진 데에는 몇 가지 이유가 있다. 알츠슐러라는 사람의 개인적인 노력이 가장 중요한 요인이었지만 구소련의 국가 제도도 트리즈의 탄생에 한몫했다. 구소련에서는 특허가 개인의 지적 재산이 아닌 사회 재산처럼 인식되었다. 따라서 자신의 기술을 보호하려는 의도로 특허를 신청하기보다는 특허를 단순히 개인의 명예로 여기는 경향이 강했다.

특허를 신청할 때에도 법률적 여건을 갖추어서 복잡한 서식으로 제출하는 것이 아니라 종이 한 장에 주요 특성을 기록해서 제출했다. 알츠슐러가 20만 건의 특허를 자유롭게 열람할 수 있었던 것도 특허 신청서가 한 장으로 되어 있었기 때문이다. 또한 한 장 안에 기술적 특성이 요약되어 있었기에 특허의 원리를 쉽게 파악할 수 있었다.

알츠슐러가 일생 동안 특허에 대한 연구만 계속할 수 있었던 것도 생계 걱정이나 부의 축적을 신경 쓸 필요가 없었던 구 소련의 제도 덕분이었다. 자본주의 사회에서 이렇게 하기란 쉽지 않다.

삼성이 트리즈에 주목하는 이유

러시아의 비밀 병기처럼 여겨졌던 트리즈가 자본주의 사회에 알려지게 된 것은 구소련 연방이 붕괴된 이후의 일이다. 러시아의 트리즈 전문가들이 미국이나 유럽으로 퍼져나가면서 트리즈 학회의 내용들이 알려지기 시작했던 것이다.

트리즈가 외부 세계에 알려지면서 삼성의 기술자들도 트리즈를 접하게 되었고 이 기법은 삼성의 윤종용 부회장에게까지 알려졌다. 원래 엔지니어 출신이었던 윤종용 부회장은 트리즈의 우수성을 간파했다. 이에 트리즈 전문가를 러시아에서 초빙해서 그 기법을 전수 받았다.

트리즈가 신기술 개발에 유용하며 특히 미국 특허를 받는 데 도움이 된다고 판단한 삼성은 삼성종합기술원에 트리즈 전문가를 양성하기 시작했다. 이때부터 삼성종합기술원에는 러시아 전문가들이 상주하면서 기술 문제 해결과 특허 신청에 도움을 주었다. 트리즈의 우수성이 삼성의 최고 경영진들에 의해 인정받은 후 삼성전자, 삼성전기, 삼성중공업, 삼성건설 등에서도 트리즈 전문가를 양성하기 시작했으며 지금은

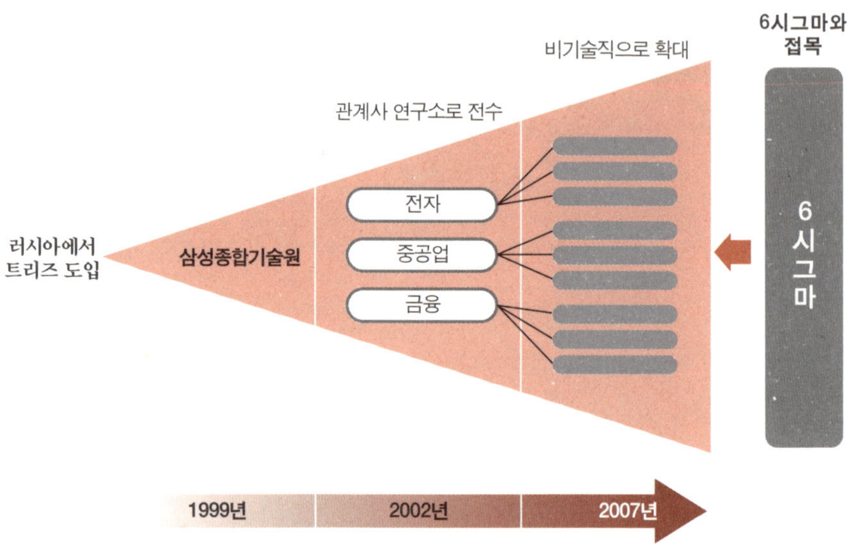

트리즈 기법을 기술 개발에 응용하고 있다.

삼성은 전통적으로 관리 문화가 자리잡고 있다. 하지만 관리 문화는 창의성을 저해한다는 모순을 안고 있다. 이처럼 연구 개발은 뛰어난 창의성을 요구하는 데 반해 내부 관리 방식은 지극히 관리적이라는 모순을 해결하는 과정에서 트리즈가 큰 도움이 되었다.

트리즈는 새로운 아이디어를 내는 데 좋은 방법일 뿐만 아니라 그 아이디어가 국제 특허에 어떤 영향을 주는지 비교해 볼 수도 있다. 삼성은 트리즈를 이용해 미국 특허국의 자료를 검토했고 이를 미국 특허 신청 과정에 활용했다.

트리즈를 이용한 삼성의 특허 신청은 3,000건이 넘으며, 미국 특허 취득 면에서도 IBM 다음으로 많은 세계 2위를 차지하고 있다. 또한 제품 개발 면에서도 반도체, PDP, LCD, TV, 냉장고 등 관계사로 트리즈를 확대해 나가고 있다.

최근에는 창조 경영의 실천 방법론으로서도 트리즈가 유용하다고 판단해 비기술직에도 트리즈의 활용을 지원하고 있다. 생산, 마케팅, 프로세스 분야에서도 트리즈를 활용하여 창의력을 향상하도록 하고 있는 것이다. 한편 6시그마와 트리즈를 연결하여 창의적인 업무 혁신과 품질 개선을 꾀하기도 한다. 삼성전기의 경우에는 트리즈의 전사적인 보급을 위해 사장과 임원들에게 의무적으로 트리즈 교육을 실시하고 있다.

트리즈를 보완하는 브레인스토밍

트리즈는 개인적인 아이디어를 낼 때나 집단 아이디어를 이끌어낼 때 두루 활용된다. 집단 아이디어를 이끌어낼 때에는 브레인스토밍 기법을 연계해서 쓰면 유용하다.

머릿속brain에서 폭풍storm이 몰아친다는 의미처럼 브레인스토밍은 다양한 아이디어를 많이 쏟아내는 것을 목표로 하는 방법론이다.

1940년대에 미국의 한 광고 회사에서 시작된 이 기법은 다음과 같은 과정을 따른다.

1 단계 | 모든 참가자가 이해할 수 있도록 문제를 간결하게 기술한다. 이 단계에서는 문제에 대해 많은 제약을 둘 필요가 없다.

2 단계 | 참가자들에게 시간을 주고 문제를 해결할 아이디어를 생각하도록 한다. 가령 30분 정도의 시간을 줄 수 있는데, 브레인스토밍에 참가하는 사람이 많으면 이 시간을 늘린다.

3 단계 | 모든 참가자가 자유롭게 아이디어를 제시하도록 격려해야 하며, 아이디어가 비록 비현실적이고 쓸모없어 보여도 절대 비난을 하지 않는다. 처음에 쓸모없어 보였던 아이디어라도 나중에 좋은 아이디어로 발전할 수 있다. 제시된 아이디어는 모두 기록한다.

4 단계 | 참가자들의 만장일치를 통해 가장 좋은 아이디어 5개를 선택한다.

5 단계 | 어떤 아이디어가 문제를 가장 잘 해결할 수 있을지 판단하기 위해 몇 가지 기준을 적는다. 이때에는 '비용이 저렴해야 한다', '이윤이 높아야 한다' 와 같은 기준을 제시할 수 있다. 각 아이디어가 제시된 기준을 얼마나 충족시키는지에 따라 점수를 매긴다. 각 아이디어에 대한 최종 평가를 계산한다.

6 단계 | 가장 점수가 높은 아이디어를 문제를 가장 잘 해결할 수 있는 아이디어로 채택한다. 채택된 아이디어가 실현 불가능할 때를 대비해서 선택된 모든 아이디어의 평가 점수를 기록하고 보존한다.

브레인스토밍에서는 이러한 규칙과 단계를 따라 다양한 아이디어가 제안된다. 브레인스토밍은 자신의 아이디어가 무시될까봐 소극적인 자세를 보이는 참가자들의 입을 열게 하는 방법이자 다수를 아이디어 회의에 참여시키는 방법이다.

브레인스토밍 기법이 창의적인 아이디어를 내는 데 도움이 되는 것은 사실이다. 하지만 브레인스토밍은 창의적인 발상 기법이라기보다는 회의 기법에 가깝다. 개개인이 스스로 발상을 한 후 그 발상의 결과를 공유하고 자유롭게 대화하도록 만드는 기법이기 때문이다.

02

창의력으로 문제를 해결하는 5단계

공동의 목표를 정하라
전체적인 그림을 그려라
숨은 모순을 찾아라
아이디어를 추천하라
해결 원리를 이용하라

what

세상은 정글과도 같다. 이 정글 속에서 살아남으려면 내가 원하는 보물이 어디에 있는지, 어떻게 하면 어떻게 그 보물에 도달할 수 있는지를 스스로 찾아내야 한다.

경영적인 측면에서 보자면 시장이라는 정글을 탐험하여 목표 지점까지 도달하기 위해서는 자신에게 도움을 줄 수 있는 도구가 필요하다. 이 도구가 바로 창조적인 습관이다. 시장이라는 정글에서 창의적인 아이디어를 내려면 탐험이라는 과정을 거쳐야 하는데, 생각하는 방식과 그 생각을 행동으로 옮기는 탐험 과정을 창조적으로 형성하는 것이 무엇보다 중요하다.

습관이란 하나의 행동을 반복적으로 수행하면서 몸에 익히는 것이다. 따라서 생각하는 방식과 행동이 관료적이면 관료적인 습관이 형성되고, 생각하는 방식과 행동이 창조적이면 창조적인 습관이 형성된다.

정글 속에서 좌충우돌하다가 길을 잃으면 탐험에 성공할 수 없다. 따라서 새로운 아이디어를 내기 위한 좋은 도구와 파트너를 가지면 그만큼 탐험에 성공할 확률이 높으며, 창조의 과정에 고통이 따르더라도 이를 극복할 수 있다. 트리즈는 이 과정에서 모순 요소와 싸우고 창조의 고통을 즐길 수 있도록 만드는 도구를 제공한다.

창조적 사고법 가운데 가장 우수한 기법인 트리즈는 기술 분야로 전문화되어 있어 비즈니스 기술 개발과 특허 취득에 사용하기에는 좋지만 문제 해결에 이용하기에는 어려움이 있다. 이런 약점을 보완하고자 필자는 트리즈의 전체 기법 중에 모순 해결 부분만 이용하고 제약 요소 해결 기법의 갈등제거도EC, Eraporating Cloud를 보완함으로써 창의적 문제 해결 기법을 만들었다.

창의적 문제 해결 기법은 트리즈에 기반을 두고 있으며, 비즈니스 문제를 해결하고자 하기 때문에 이 기법을 '트리즈맨' 이라 명명했다. 즉, 트리즈맨은 비즈니스의 제약 요소와 모순을 해결하기 위한 창의적 문제 해결 기법이다.

트리즈맨은 새로운 아이디어를 내고 실행에 옮기기 위해 다음 5단계를 거친다.

- 공동 목표를 정하라
- 전체 그림을 그려라
- 숨은 모순을 찾아라
- 아이디어를 추천하라
- 해결 원리를 이용하라

- **Objective** ｜ 공동 목표

- **Modeling** ｜ 전체 그림

- **Contradiction** ｜ 숨은 모순

- **Abstractive Solution** ｜ 추천 아이디어

- **Principle** ｜ 해결 원리

트리즈에서 제시하는 창의력 기법은 다른 창의력 기법과 확연히 다른 점이 있다. 사전에 모순을 찾아내서 유용한 점과 유해한 점을 한꺼번에 보게 만든다는 점이다. 이를 통해 모순 해결점을 찾은 후에는 기존의 해결 데이터베이스에서 최적의 해결안을 추천함으로써 주관적 판단에서 벗어나 객관적인 해결안을 선택할 수 있도록 만든다.

창의적 문제 해결 과정은 다른 창의력 기법보다 더 고통스러운 과정을 거치지만 이 고통을 딛고 앞으로 전진하면 차별화된 뛰어난 해결점을 찾을 수 있다.

공동의 목표를 정하라

조직의 목표를 달성하는 데에는 제약 요소가 반드시 존재한다. 이 제약 요소를 찾아서 개선해야 경영 성과를 높일 수 있으며 장기적으로는 지속적인 경영 개선을 추구할 수 있다. 제약 요소를 개선하려면 스스로 핵심 문제를 찾아서 창의적으로 해결해 나가야 한다.

경영상의 문제를 찾아서 해결하려면 스스로 다음 3가지의 질문을 던져야 한다.

첫째, 무엇을 변화시킬 것인가? 이는 바람직하지 못한 여러 가지 문제들을 찾아내기 위한 질문이다. 둘째, 어떤 방향으로 변화시킬 것인가? 이는 핵심 문제의 해결 방법을 강구하기 위한 질문이다. 셋째, 어떻게

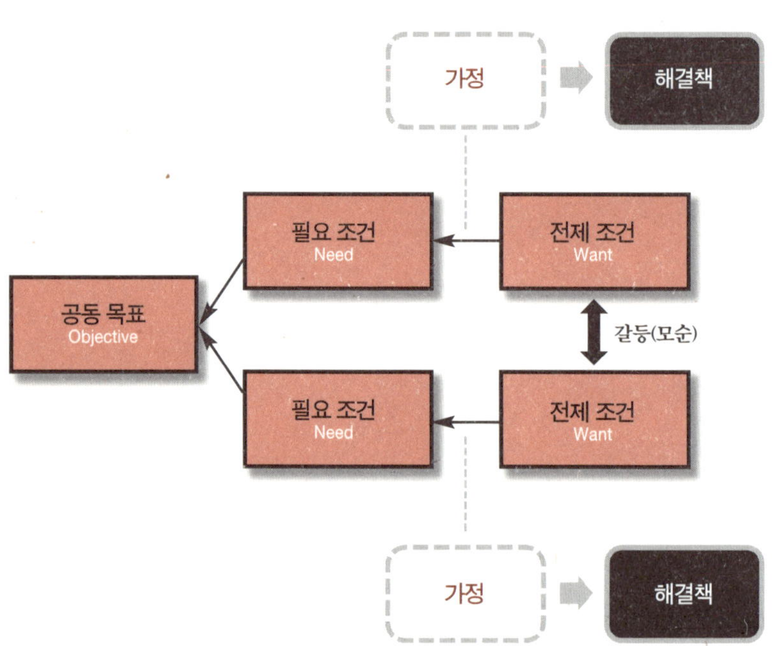

변화시킬 것인가? 이는 핵심 문제의 해결책을 실행할 구체적인 방법을 개발하기 위한 질문이다.

핵심 문제의 해결책을 찾는 방법으로는 갈등 제거도를 활용하는 방안이 있다. 갈등 제거도는 갈등을 해소하고 양쪽에 득이 되는 윈윈 해결책을 찾아내는 과정을 나타낸 것이다. 갈등 제거도에는 해결해야 할 핵심 문제, 즉 공동 목표를 명기하고 이 공동 목표를 달성하기 위해 충족해야 할 필요 조건을 정의한다. 또한 필요 조건을 충족시키기 위한 전제 조건을 함께 정의함으로써 전제 조건들이 안고 있는 갈등과 모순을 한눈에 볼 수 있도록 만들었다.

아사히야마 동물원의 사례

공동 목표가 문제 해결에 어떤 영향을 주는지 일본의 아사히야마旭山 동물원의 사례를 통해 살펴보자.

　일본 전역에는 총 92곳의 시립 동물원이 있다. 남쪽 오키나와에서 북쪽 홋카이도까지 분포한 많은 시립 동물원 가운데 한겨울에도 사람들의 발길이 끊어지지 않는 창조적인 동물원이 있으니, 바로 일본 최북단 홋카이도의 아사히카와旭川 시에 위치한 아사히야마 동물원이다. 이 동물원은 연간 입장객이 16만 명으로 폐원 위기에 처했던 적도 있었으나 지금은 한해에 180만 명이 찾는 유명한 동물원으로 변했다.

　이 동물원은 1967년 8마리의 펭귄과 스웨덴에서 온 순록, 러시아가 고향인 시베리아 호랑이로 화려하게 문을 열었지만 세월의 흐름에 따라 동물원은 처참한 모습으로 변해가기 시작했다.

　1980년대에는 동물원을 운영하던 아사히카와 시의 재정이 무척 악화되었다. 이로 인해 결국 동물원에 대한 지방 자치 단체의 지원도 끊기고 말았다. 예산 부족으로 새로운 동물을 한 마리도 들일 수 없었던 아사히야마 동물원에서는 엎친 데 덮친 격으로 동물원의 상징인 순록과

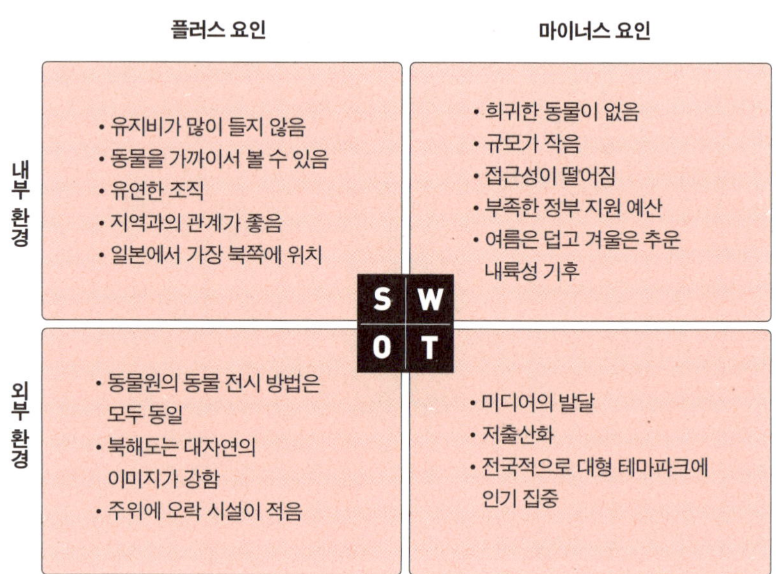

호랑이마저 죽음을 맞이하게 되었다. 결국 낡아빠진 우리만 덩그러니 남아 동물원은 콘크리트 잿빛을 내뿜게 되었다. 이에 시민들 사이에서는 빚투성이 동물원이라는 불만이 제기되기 시작했고 폐원을 요구하는 목소리도 높아졌다.

폐쇄 위기의 동물원을 구한 것은 직원들의 창의적인 사고였다. 동물원의 원장과 사육사, 수의사 등 10여 명은 동물원의 문제점이 무엇인지, 이 문제들을 어떻게 해결해 갈 것인지 진지하게 토의했다. 마침내

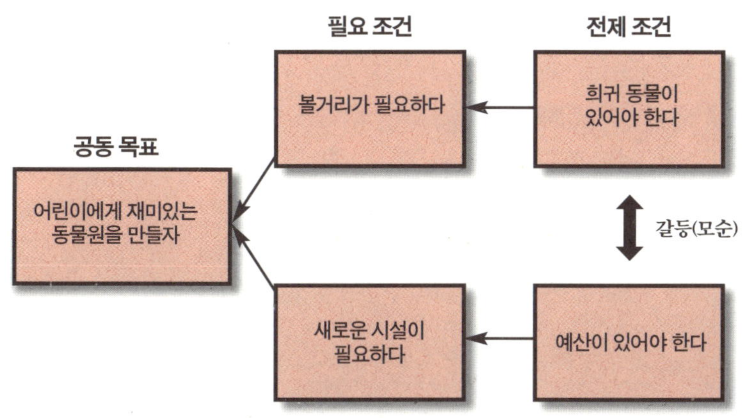

이들은 아사히야마 동물원이 안고 있는 위기와 기회를 찾기 위해 SWOT을 실시했다.

SWOT이란 장점strength과 단점weakness, 기회opportunity와 위협threat을 동시에 파악할 수 있도록 만든 모순 분석의 일종이다. SWOT 분석에서는 약점만 생각하지 말고 장점도 함께 찾아야 하며, 위협만 보지 말고 기회도 함께 보아야 한다.

동물원이 안고 있는 위협 요인은 한두 가지 아니었다. 매스미디어의 발달로 동물원 이외에도 어린이들을 유혹할 수 있는 재미있는 프로그램이 즐비했으며, 전국적으로 디즈니랜드나 유니버설 스튜디오 같은 대형 테마파크가 아이들을 유혹하고 있었다. 더구나 저출산으로 어린이 인구가 줄어들고 있는 것도 하나의 커다란 위협 요인이었다.

그러나 기회 요인이 전혀 없는 것도 아니었다. 북해도는 대자연의 이미지가 강하고 주위에 오락 시설이 적어서 적당한 볼거리를 만들면 관객 유치가 가능하다. 더 큰 기회 요인은 시립 동물원들의 동물 전시 방법이 모두 비슷했기 때문에 조금만 다른 방법을 쓰더라도 다른 동물원과 차별화할 수 있다는 사실이었다.

이런 분석을 거치고 난 후 아사히야마 동물원은 새롭게 도전을 해

보기로 했다. 이에 앞서 아사히야마 동물원은 '희귀 동물이 없는 상태에서 어린이들의 관심을 끌어야 한다', '적은 예산으로 어린이들에게 재밌거리를 제공해야 한다' 라는 모순을 해결해야 했다. 이러한 모순을 해결하기 위해 동물원 팀들은 새로운 방향을 정했다. 지금 보유한 동물들이 행동하는 모습을 직접 보여주는 '행동 전시' 라는 컨셉을 설정했던 것이다.

이러한 발상의 전환은 모든 동물의 전시에 적용되었지만 이를 가장 창의적으로 적용한 곳은 펭귄관이었다. 펭귄팀은 펭귄이 헤엄치는 모습을 볼 수 있는 펭귄 전용 시설을 만들기로 했던 것이다. 세계에서도 유례가 없는 펭귄 전용 시설을 만들기로 한 후 동물원은 사육사에게 시설 건설을 일임했다.

그 후 펭귄 담당 사육사는 펭귄의 생태를 철저히 조사했다. 펭귄은 육지에서는 아장아장 걷지만 물 속에 들어가면 돌연 커다란 날개를 이용해 힘차게 헤엄친다. 물속을 날아다니는 새인 셈이었다. 펭귄 담당 사육사는 이 모습을 사람들에게 보여주고 싶었다. 여기서의 관건은 펭귄의 움직임을 얼마나 잘 이해하느냐에 달려 있었다. 관찰 결과 펭귄은 장애물이 출현하면 이를 피하는 습성이 있었다. 이에 사육사는 펭귄들이 가장 생기발랄하게 살아갈 수 있는 집을 만들어야겠다고 생각했다.

이러한 아이디어가 정리되자 사육사는 설계사에게 황제 펭귄의 생태를 세세하게 전달했다. 호기심이 왕성한 황제 펭귄은 장애물을 만나더라도 좁은 구멍을 탐험가처럼 급선회할 수 있었다. "황제 펭귄의 행동을 죄다 보여주고 싶다"라는 말을 들은 설계사는 의욕이 샘솟았다. 그리고 고도의 아크릴 기술로 전세계적으로 유명한 닛푸라를 수조 제조업체로 선정했다.

수조 제조업체 엔지니어에게 설계사가 요구한 것은 수조 안에 튜브형 터널을 설치하여 이곳에 들어온 입장객들이 펭귄의 수중 모습을 상하좌우에서 관람할 수 있도록 해달라는 것이었다.

수족관 건설은 매우 빠르게 진행되었다. 반년 후 펭귄관이 오픈하자 입장객들이 장사진을 이루었다. 사람들은 튜브 형으로 된 터널을 걸어가면서 황제 펭귄 13마리가 아장아장 비탈을 타고 걷다가 수조에 뛰어든 뒤 장애물에 부딪히기 직전 구멍을 빠져나와 나는 듯 헤엄치는 모습을 구경할 수 있었다.

그때부터 펭귄은 하늘 높이 날아오르는 새가 되었다. "펭귄이야. 저기 좀 봐. 펭귄이 날고 있네!" 라는 환호성이 곳곳에서 울려 퍼졌다. 사람들은 펭귄들이 공중을 빙빙 도는 모습을 특히 좋아했다. 펭귄이 획 지나치는 행동에도 놀라움의 탄성이 여기저기서 터져 나왔다. 남녀노소 가릴 것 없이 모든 사람들이 환호성을 지르는 모습에 동물원 직원들은 굉장히 기뻤다. 사람들은 꾸미지 않은 모습에 감동했던 것이다.

이런 창의적인 아이디어는 북극곰관에도 이어졌다. 펭귄관이 완성되고 난 2년 후 북극곰관도 수족관 형태로 바꾸었던 것이다. 입장객들은 이로 인해 400킬로그램이 넘는 곰이 물속으로 첨벙 뛰어드는 모습을 코앞에서 볼 수 있다. 주위를 압도하는 곰의 모습에 관객들의 얼굴에서는 현장감이 넘쳤다.

바다표범관에서는 관람 공간 중간에 대형 원통 기둥을 세워놓음으로써 원통관을 통해 바다표범이 수직으로 헤엄쳐 오르는 모습을 볼 수 있도록 만들었다. 시설 안에는 원주형 수조를 설치해 바다표범의 우아한 선헤엄을 보여주었다.

아사히야마 동물원은 이처럼 세계 어디에서도 볼 수 없는 새롭고 감동적인 모습을 선사했다. 이러한 새로운 아이디어들은 이 동물원에서 10년 이상 근무한 사육사와 수의사들에게서 나왔다. 이들은 동물의 습성을 누구보다 잘 알고 있었기에 동물들의 야성을 재밋거리로 보여줄 수 있는 방법을 생각해 낼 수 있었다.

동물원에 관람객들이 줄을 잇기 시작하자 다른 동물원 관계자들도 아사히야마 동물원을 연구하기 시작했다. 그들은 아사히야마 동물원의 프로젝트가 성공할 수 있었던 원인을 동물들이 본래 가지고 있는 모습, 있는 그대로의 꾸미지 않은 모습을 보여주었다는 것에서 찾았다.

이후 아사히야마 동물원에는 가족을 동반한 입장객들이 일본 전국에서 몰려들었다. 폐원 위기에 내몰렸던 최북단의 작은 동물원은 동물

들의 참모습을 만날 수 있는 별세계로 떠올랐으며, 지금은 일본 최고의
동물원이 되었다.

아사히야마 동물원은 2005년 〈니혼게이자이신문日經新聞〉에서 매년
창조적인 기업에 수여하는 창조 대상을 받기도 했다.

남이 풀지 못한 문제를 풀기 위해서는 상식적으로 생각해서는 안 된다. 상식적인 사고는 다른 사람도 이미 알고 있기 때문이다. 남이 풀지 못한 문제를 풀거나 지금까지 없었던 방식으로 새로운 것을 만들어내려면 사고하는 방법이 정교해야 하며 상식 뒤에 숨어 있는 모순을 찾아낼 줄 알아야 한다.

다시 말해 새로운 발명이나 혁신은 남이 풀지 못한 모순을 해결하는 과정이다.

트리즈에서는 모순을 2가지 종류로 구분한다. 하나는 기술적 모순technical contradiction이며, 다른 하나는 물리적 모순physical contradiction이다.

기술적 모순이란 서로 다른 기술적 특성이 충돌하는 모순으로, 어

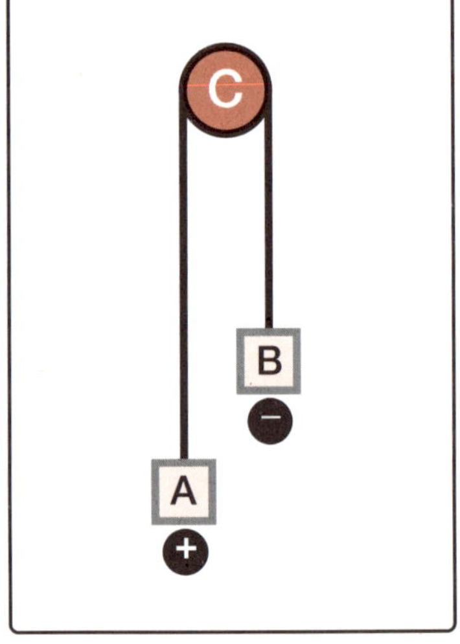

느 하나를 높이면 다른 하나가 낮아지는 것을 의미한다. 한 예로 반도체의 메모리 용량을 높이면 반도체 크기가 커지는 모순을 들 수 있다. 또한 비행기 속도를 빠르게 하기 위해서는 엔진을 크게 해야 하는데 엔진이 커지면 무거워져서 속도를 감소시키는 모순이 발생한다. 이러한 기술적 모순을 해결하는 것이 발명이자 혁신이다.

물리적 모순은 하나의 기술적 변수가 서로 다른 값을 동시에 가지는 것을 의미한다. 예를 들어 자전거는 안전성이나 구조의 견고함을 고려하자면 무척 단단해야 한다. 하지만 뒷바퀴를 굴리려면 사람이 힘을 가해야 하는데 딱딱한 체인으로는 동력을 전달할 수 없다. 따라서 체인은 유연하게 만들어져야 한다. 이같이 하나의 물체 안에 존재하는 모순을 물리적 모순이라 한다.

따라서 전체 그림을 그리는 모델링 단계에서는 과제와 사물에 대한 유익한 요소와 불리한 요소를 동시에 감안해야 한다.

구글의 사례

여기서는 모델링을 통해 모순 해결에 성공한 인터넷 회사 구글의 사례를 살펴보자.

검색 사이트 가운데 구글은 후발주자이지만 지금은 세계 최대의 인터넷 회사일 뿐 아니라 자산 가치에서 GM과 포드를 합친 것만큼 큰 회사로 성장했다. 구글이 이처럼 빠른 성장을 할 수 있었던 원인은 어디에 있을까?

① 수익 창출에 대한 모순 해결

과거의 인터넷 회사들은 선점 효과를 믿었다. 빠르게 기술을 개발해 시장을 선점함으로써 그 시장의 리더가 되는 것이 선점 효과다. 그러나 구글은 선발 회사가 아님에도 불구하고 검색 시장의 리더가 되었다. 야후라는 선발 회사가 이미 선점하고 있던 시장을 두 젊은이가 시작한 작은 회사 구글이 장악할 수 있었던 것은 이 시장에서의 모순을 해결했기 때문이다. 야후라는 선발 회사가 풀지 못한 모순을 후발 회사인 구글이 해

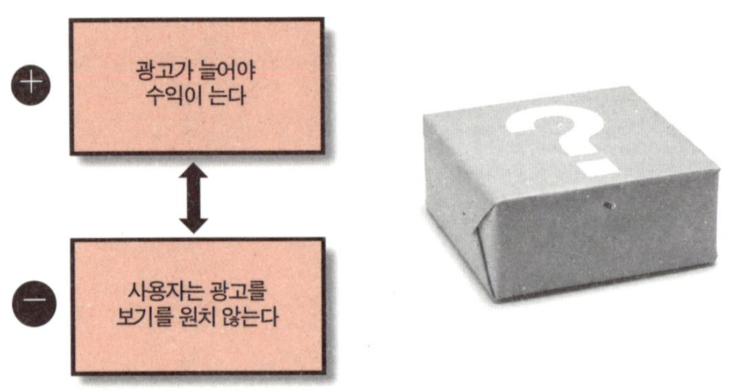

결했던 것이다.

기존의 모든 포털 회사가 그러했듯이 야후의 주 수입원도 광고였다. 포털 사이트들은 광고를 하나라도 더 유치하고 배너 광고를 조금이라도 더 크게 해서 광고료를 높이려고 했다. 하지만 사용자들은 광고가 눈에 거슬리기 때문에 광고가 커지는 것에 대한 거부감을 갖고 있었다. 하지만 기존의 포털 사이트들은 이러한 모순을 해결하기는커녕 메인 화면의 광고를 더욱 늘려나갔다.

그러던 중 1998년, 스탠포드 대학원생이던 래리 페이지Larry Page와 세르게이 브린Sergey Brin은 이 모순을 해결하는 것으로 새로운 시장을 개척할 수 있다고 판단했다. '사용자들은 광고를 보고자 하지 않지만 사업자는 광고 수입을 올려야 한다' 라는 모순을 해결하기 위해 이들은 새로운 사업 방식을 고안해 냈다.

해결 방법은 의외로 간단했다. 트리즈의 40가지 해결 원리 중에서 첫번째 원리에 해당하는 '분리'를 적용해 메인 페이지에서는 광고를 하지 않되 사용자가 검색어를 쳐서 검색 결과가 나오면 그 검색어에 맞는 광고가 노출되도록 만들었던 것이다(부록 참조). 이 방식을 통해 처음 화면에는 광고가 없지만 다음 화면에서는 광고가 노출되었다.

이러한 방식은 광고주에게도 유리해서 불필요한 노출로 인한 과다한 광고비를 지출하지 않아도 되었다. 관심 있는 검색어에 따라 키워드에 맞는 광고만 제시하면 되므로 광고주도 관심도가 높은 사용자를 확보할 수 있게 되었던 것이다.

구글은 창조적인 문화 속에서 구글러(Googler, 구글의 직원들을 일컫는 말)들이 최고의 검색 엔진을 만드는 데 집중할 수 있도록 장려했다. 하지만 구글의 검색 엔진 결과에 대해 훌륭하다고 인정하는 사람들은 많은 반면 이 모델이 돈을 벌어들일 수 있으리라고 생각하는 사람들은 많지 않았다. 구글이 출현하기 훨씬 전, 검색 엔진으로 한 시대를 풍미했던 알타비스타, 라이코스가 기술적·상업적인 부문에서 직접 수익으로 연결할 수 있는 성장 모멘텀을 찾지 못해 주저앉아 버리고 만 전례도 있었다.

하지만 구글은 기존 검색 업체와는 달리 검색 자체가 수익이 되는

Google

비즈니스 모델을 개발했으며, 검색 엔진에 사업성을 접목시키는 방법
도 재빨리 도입했다. 구글의 사업 모델은 '검색' 단 한 가지뿐이었다.

구글이 새로운 서비스를 개발할 때는 '사용자에게 도움이 되면서
광고주에게도 이익이 되는 서비스를 개발하라' 라는 법칙 말고는 아무
것도 염두에 두지 않았다. 이로 인해 현재 구글의 광고 수익 모델은 여
러 분야에서 각기 다른 형태로 진행되고 있다.

다양한 광고 모델을 만든 구글은 지금도 계속 새로운 모델을 개발

하고 있는데, 현재까지 가장 대표적인 모델은 애드워즈Adwords와 애드센스Adsense다. 이 두 광고 모델은 기존 광고 시장의 규범과 전형을 바꾼 충격적인 광고 기법이다. 애드워즈는 광고주에게 키워드를 판매하는 형태이며, 애드센스는 포털이나 개인이 구글의 광고 프로그램을 유치해 클릭을 유도하면 실적에 따라 광고비를 지급하는 형태다.

광고 형태에는 여러 가지가 있지만 구글의 광고가 실리는 곳은 크게 구글 자체 사이트와 구글 이외의 사이트 두 곳으로 구분할 수 있다. 그 중에서 애드워즈는 구글 사이트 안에 광고가 노출되는 광고 형태로, 구글 사이트에서 검색어를 입력하면 옆의 그림에서처럼 검색 결과 오른쪽에 광고가 나타난다. 애드워즈는 국내 포털에서도 키워드 광고 또는 검색 광고라는 이름으로 적용하고 있는 모델이다.

애드워즈는 광고주에게 키워드를 판매하는 기법을 통해 누구나 쉽게 구글에 키워드 광고를 싣도록 해준다. 구글에 광고를 내고 싶은 사람은 '꽃배달', '향수', '도자기' 같은 검색 키워드를 선택하고 그 키워드와 관련된 짤막한 문장의 광고를 등록하면 된다.

이렇게 등록을 해놓으면 구글 사용자가 키워드로 검색을 할 때 검색 결과의 오른쪽이나 상단에 등록된 광고가 뜬다. 광고비용은 등록된 키워드가 검색될 때마다, 즉 광고가 사람들에게 노출될 때마다 산출된다. 광고 결제의 전 과정은 신용카드로 계약되고 처리되기 때문에 누구나 앉은 자리에서 손쉽게 자신의 광고를 등록할 수 있다.

이러한 애드워즈 광고는 신청하는 즉시 인터넷에 게재될 수 있다. 광고주 입장에서는 광고가 클릭될 경우에만 비용을 지불하기 때문에 완벽하게 예산을 관리할 수 있으며, 자신이 지불할 수 있는 범위의 독자적인 일일 예산도 정할 수 있다는 장점이 있다. 또한 대상이 되는 키워드를 제대로 선택하기만 하면 광고를 통해 목표로 하는 트래픽, 즉 특정 상품을 찾고 있는 사람들을 확보할 수 있다.

대부분 온라인 포털 사이트의 주요 고객은 자금적인 여유가 있는 광고주들이다. 그들은 막대한 돈을 들여 배너 광고나 화려한 광고를 게재하는 홍보 방법을 취해 왔다. 즉, 소수의 광고주들이 온라인을 점령하고 있는 셈이다. 하지만 구글에서는 개인이나 규모가 작은 중소 광고주들도 적은 비용으로 큰 광고 효과를 거둘 수 있다.

배너 광고로 수익을 올리는 기존의 포털 사이트들과 달리 구글 사이트에서는 배너를 찾아볼 수 없다. 구글은 사용자가 편안하게 이용할 수 있도록 간결한 사이트 형태를 고수하고 있으며, 광고는 검색 결과에 연결한 검색어 광고로 노출시킨다.

무엇보다 검색어 광고는 관심이 있는 사람만 볼 수 있어서 사용자에게 편리하다. 또한 클릭 수만큼 광고비를 지출하기 때문에 광고주들도 구글로 모이게 되었다. 이로 인해 구글은 여러 개의 작은 광고를 유치할 수 있게 되었다. 이런 애드워즈에 대한 효과가 점점 퍼지기 시작하자 많은 소규모 업주들이 구글의 애드워즈의 키워드를 사기 위해 몰려들었다.

또 하나의 광고 방법으로는 애드센스가 있다. 포털 사이트의 수익은 방송국이나 잡지사와 마찬가지로 대부분 광고에서 창출된다. 하지만 구글의 애드센스는 사용자의 웹 사이트 공간을 빌려서 원하는 광고를 하는 획기적인 광고 방식이다. 즉, 광고 게시 신청자들의 홈페이지에 구글의 광고를 게시함으로써 구글 이외의 사이트에 광고가 노출되도록 만들고 이 광고 수익을 게시자에게 배분하는 방식이다.

이 때문에 자신의 홈페이지 공간을 빌려주고 수익을 올리려는 애드센스 요청자들이 점차 늘어나고 있으며 광고를 하겠다는 기업도 그만큼 증가하고 있다. 물론 자신의 블로그나 웹 사이트에서 게시해 놓은 광고에 대한 클릭 수가 많아야 수익이 높아지지만 설령 수익이 높지 않다 하더라도 자신에게 손해될 것은 없기 때문에 사람들로부터 많은 인기를 얻고 있다. 광고 내용도 구글에서 알아서 자주 교체해 준다.

애드센스는 구글의 사이트에서 간단한 프로그램을 다운받은 뒤 자신의 웹 사이트에 구글이 제공하는 코드를 끼워 넣기만 하면 된다. 이렇게 하면 광고 배너가 자신의 웹사이트에 뜬다. 구글은 이 전략으로 상당한 이윤을 챙기고 있다.

블로그 운영자라면 애드센스 프로그램을 통해 자신의 블로그에서 제공하는 컨텐츠와 연관된 키워드를 선택할 수 있으며, 그 키워드를 통해 자신의 블로그와 연관된 광고를 게재함으로써 방문자들에게 더욱 가치 있는 정보를 제공할 수 있다. 방문자가 자신의 블로그에 올려진 구글 광고를 클릭하면 클릭 수에 따른 수익도 얻을 수 있다. 따라서 애드센스에서는 연관성 높은 양질의 컨텐츠를 제공하는 것이 수익을 얻는 중요한 열쇠다.

② 직원에 대한 모순 해결

사용자의 입맛에 맞춘 다양하면서도 새로운 서비스를 개발하기 위해서는 창조적인 인재들이 대거 필요하다. 하지만 창조적인 인재들은 정형

[검색 사이트의 인재 활용에 대한 모순]

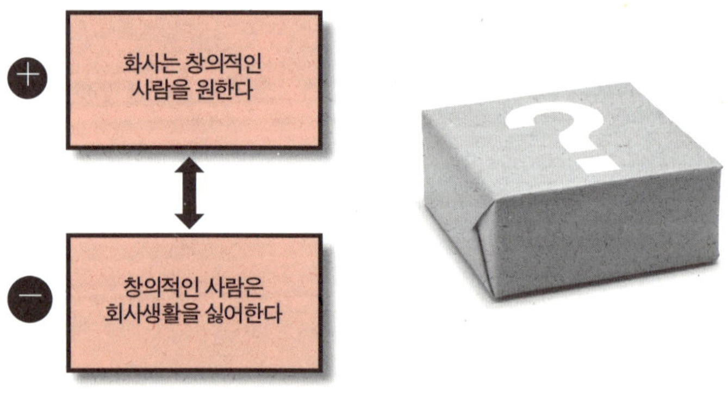

화된 조직에서 일하는 것을 싫어한다.

구글이 직면한 두번째 모순은 '회사는 창조적인 인재를 원하지만 창조적인 인재는 딱딱한 회사 생활을 원치 않는다' 는 것이다. 이 모순을 해결하기 위해 구글은 회사의 분위기를 대학 캠퍼스처럼 자유로운 분위기로 만들었다.

구글 직원들은 회사를 '캠퍼스' 라고 부른다. 모자 달린 티셔츠에

청바지, 운동화 차림을 하고 분주하게 오가는 직원들의 모습에서는 활기가 넘친다. 직원들이 일하는 사무실은 대학 도서관 같다. 넥타이와 정장 차림의 구글러는 찾아보기 어렵다. 무척 자유로운 분위기이기 때문에 마치 피크닉을 온 듯한 착각이 들 정도다.

사무실에서도 직원들의 개성이 한껏 묻어난다. 우주선 내부를 닮은 공간에는 구글 로고가 새겨진 개인 장비, 정체를 알 수 없는 장난감까지 널브러져 있다. 회의실은 사방이 투명한 창으로 공개돼 있으며 천장엔 구글 로고 색깔과 같은 파랑, 빨강, 초록색 풍선이 떠다닌다.

헤드폰으로 음악을 들으며 일하는 사람도 있고, 복도에 엎드려 무언가를 끼적이는 사람도 있다. 청바지 차림의 한 직원은 책이 어지럽게 널려 있는 책상에 다리를 올려놓고 책을 읽고 있다.

사무실 복도에는 빈 책상과 의자를 배치해 누구나 자유롭게 이곳에서 일할 수 있도록 만들어 놓았다. 식사 시간, 운동 시간, 퇴근 시간 모두 직원들이 자유롭게 정한다. 자신의 능률이 가장 높을 때 일하고 능률이 낮을 때 쉬는 방식이다.

뿐만 아니다. 구글의 사원 식당은 세계 초일류급이다. 하루 세 끼 식사는 물론 대형 냉장고에 들어 있는 음료수나 맥주도 모두 무료다. 잘 먹어야 일도 잘한다는 창업자들의 생각이 고스란히 반영된 공간이다. 한 해 식당 예산만 700만 달러에 달하며, 1주일 동안 소비되는 쇠고기는 2톤이나 된다.

회사가 채용한 100여 명의 요리사는 6,500여 명의 직원들에게 한국, 태국, 이탈리아, 일본 등 전세계의 다양한 음식들을 제공하고 있다. 요리사들은 매년 구글 직원이 심사위원으로 참여하는 '요리 경연 대회'를 통해 공개 채용된다.

구글은 최고급 식당, 체육관, 세탁 시설, 마사지 룸, 드라이클리닝 룸, 이발소, 세차 시설, 통근 버스 등 직원들이 원하는 것이라면 무엇이

든 제공하고 있다. 심지어 일주일에 하루는 애완견을 데려오는 것도 허용된다.

이는 모두 즐겁지 않으면 창의력이 발휘되지 않는다는 창업자의 생각에서 비롯되었다. 직원들은 주차장에서 롤러 하키 게임을 하거나 전용 마사지실에서 피로를 풀기도 하며, 현관에 있는 그랜드피아노를 두드리며 노래도 부르기도 한다. 이렇듯 자유로운 분위기는 '허무맹랑해도 좋으니 새로운 아이디어를 내놓으라'는 경영진의 요구와 일맥상통한다. 그렇다고 마냥 노는 분위기는 아니다. 오히려 구글은 실리콘밸리에서도 가장 업무 강도가 높은 회사로 악명이 높다.

구글 휴게실에는 대형 화이트보드가 걸려 있다. 이 화이트보드에는 기괴한 그림과 낙서 같은 문자, 온갖 잡다한 아이디어가 그려져 있다. 이 칠판이야말로 1,000억 달러짜리 '구글 우주선'을 움직이는 핵심 설계도다. 이처럼 회사 빌딩 안에는 엔지니어들이 자주 지나가는 곳마다 큰 화이트보드를 걸어 사람들이 맘대로 낙서를 할 수 있게 해놓았다.

구글러들은 이 화이트보드에 자신들이 쓰고 싶은 내용을 마음껏 적는다. 사람들은 먼저 쓴 글들을 지우지 않기 때문에 화이트보드의 내용은 계속해서 늘어난다. 직원들에게 화이트보드를 제공해 주면서 마음대로 낙서를 하게 만드는 것에서도 구글이 연구원들의 창의력과 자유성을 얼마나 소중히 여기는지 엿볼 수 있다.

구글은 직원들이 업무에 집중할 수 있도록 최상의 복지 조건과 다양한 환경을 제공한다. 구글의 독특한 기업 문화 가운데 하나는 바로 근무 시간의 20%를 회사와 관련된 업무가 아닌 '딴 짓'에 쓰도록 권장하는 것이다. 즉, 근무 시간의 80%는 검색 엔진 연구나 광고 사업에 집중하고 나머지 20%는 자유롭게 아이디어를 게재하고 그 아이디어를 구체화하는 데 쓰도록 독려하는 것이다. 따라서 구글러들은 업무 시간의 20%를 자신들이 직접 선택한 프로젝트에 할애할 수 있다.

이처럼 구글은 회사 설립 이후 줄곧 구글에서 일하는 모든 소프트웨어 엔지니어들에게 최소한 업무 시간의 20%를 자신이 원하는 프로젝트에 소비하라고 요구했다. 매주 20%의 시간을 어디에 써야 하는지에 대해서도 일체 정해놓지 않았다. 물론 승인 절차를 거치고 감독을 받아야 하지만 경영진이 이를 간섭하는 일은 거의 없다. 오히려 창의력을 발휘할 수 있도록 다양한 방안을 함께 강구한다.

일부 직원들은 20%의 시간을 한꺼번에 몰아서 써 한 달 넘게 자신이 원하는 일에만 몰두하기도 한다. 이런 방식을 통해 사람들은 성공적인 제품을 만들어내는 데 필요한 유연성을 가질 수 있다. 기술을 기반으로 하는 회사에서는 개발자들에게 자신의 창의력을 발휘할 시간을 제공하는 것이 매우 중요하지만 이는 실제 실천하기에 매우 어려운 일이기도 하다. 하지만 구글의 '20% 창조적 시간C-Time'은 수많은 혁신적인 서비스와 프로젝트들이 개발될 수 있도록 만든 밑거름이다.

구글의 20% 프로젝트는 다음과 같이 진행된다. 자신이 구상하는 일이 아직 프로젝트화되어 있지 않다면 아이디어 마켓에 자신의 아이디어를 올린다. 이 아이디어에 일정 수 이상의 직원이 좋은 아이디어라고 동의하면 20% 프로젝트로 확정한다. 어느 정도 성과를 거둔 뒤 서버, 네트워크, 마케팅 같은 더 큰 자원이 필요하다고 판단되면 임원에게 보고하고 정식 프로젝트로 승격하는 과정을 거친다. 정식 프로젝트가 되면 80% 프로젝트라 불린다.

80% 프로젝트는 임원들의 승인을 거친 아이템으로, 시장에 서비스로 출시되는 것을 염두에 두고 진행되는 프로젝트다. 따라서 구글의 서비스 런칭 단계는 '아이디어 마켓 ➡ 20% 프로젝트 ➡ 80% 프로젝트 ➡ 상품화 과정' 으로 이어진다.

이 아이디어를 실현하기 위해 3명으로 구성된 조직이 기능 설계에서부터 개발 및 테스트까지 모든 과정을 담당하며, 프로젝트는 구글의 모든 직원이 볼 수 있는 블로그에 등록되고 모든 직원에 의해 자유롭게 평가된다. 무엇보다 프로젝트 가운데 최고의 평점을 받은 프로젝트는 1,000만 달러 이상의 엄청난 인센티브를 받는다. 한편 구글에서는 어떤 종류의 서비스를 도입할지를 놓고 투표하는 내부 시장internal market을 형성하기도 한다.

이처럼 구글은 조직 내 사람들의 재능과 아이디어를 이끌어내는 데 매우 개방적이다.

숨은 모순을 찾아라

트리즈는 러시아의 20만 건에 달하는 특허를 분석하는 것에서부터 출발했다. 알츠슐러는 20만 건의 특허를 분석하는 과정에서 한 가지 공통점을 발견했는데, 바로 '모든 문제는 한 가지 이상의 모순을 가지고 있다' 는 사실이었다. 이에 따라 창조적 발상법인 트리즈의 세번째 단계는 숨은 모순을 찾는 것이다.

알츠슐러는 기술적 모순의 유형을 39가지의 요소로 분류해서 정리했다(부록 참조). 한편 영국의 대럴 맨Darrel mann은 이를 비즈니스에 적용하여 31가지 파라미터로 정리했다(부록 참조). 알츠슐러는 모순을 분석하는 요소를 정의해 놓았을 뿐만 아니라 이 모순을 해결할 수 있는 40가지의 원리도 정리해 놓았다(부록 참조).

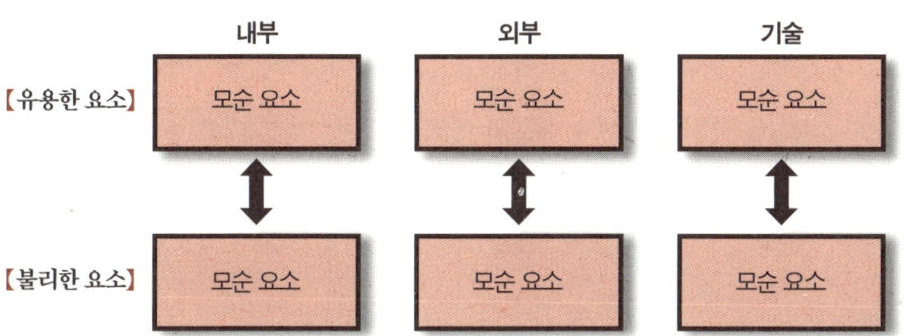

트리즈에서는 모순 분석을 통해 39가지 요소에 대해 유용할 때의 측면과 불리할 때의 측면을 나눔으로써 매트릭스 표를 만들었다. 이 모순 매트릭스contradiction matrix를 이용하면 자신의 문제가 안고 있는 모순을 찾아낼 수 있을 뿐만 아니라 모순을 해결할 수 있는 원리도 추천받을 수 있다.

비즈니스에 적용하는 경우에는 31가지 요소로 정리해서 모순 매트릭스를 만들었다. 이 모순 매트릭스는 표를 이용할 수도 있고, '트리즈맨TRIZman' 이라는 컴퓨터 소프트웨어를 이용할 수도 있다. 또한 웹사이트를 참조할 수도 있다(www.TRIZman.net).

모순 매트릭스는 알츠슐러가 20여 년 동안 20만 건의 러시아 특허를 분석함으로써 요소와 원리를 찾아낸 것으로, 객관적 사실에 입각해서 모순을 분석하고 해결안을 추천하며 해결안이 담긴 데이터베이스로 접근할 수 있는 지도와 같은 역할을 한다.

기술적인 문제는 모순의 유형을 찾기가 비교적 쉽기 때문에 기존의 모순 매트릭스를 이용할 수 있지만 비즈니스적인 문제는 유형을 분석하기가 쉽지 않다. 이에 필자는 비즈니스적인 문제의 경우 기존의 모순 매트릭스를 이용하기보다는 간이적인 방법의 모순 매트릭스를 이용할 것을 권한다.

간이 모순 매트릭스는 내부, 외부, 기술적인 면에서 해결해야 할 모순 요소를 찾아내고 이를 유용한 요소와 불리한 요소를 분리해서 정의하는 것이다.

애플의 사례

비즈니스적인 측면에서 숨은 모순을 찾아 해결한 사례로 애플Apple사의 아이팟iPod을 살펴보자. 유수 기업 가운데 애플 컴퓨터처럼 극적인 성공과 실패를 반복한 회사도 없을 것이다.

스티브 잡스Steve Jobs는 세계 최초로 퍼스널 컴퓨터를 만듦으로써 대성공을 거두었다. 하지만 그 성공은 얼마가지 못했고 그는 자신이 만든 회사에서 쫓겨나고 말았다. 12년 동안 외부에서 방황한 끝에 애플사로 복귀한 잡스는 새로운 프로젝트에 도전했다.

퍼스널 컴퓨터 회사로는 더 이상 비전이 없다고 전망한 잡스는

MP3 플레이어 사업에 뛰어들었다. 하지만 애플사는 MP3 플레이어와 같은 가전 사업 경험은 전무했다. 게다가 MP3 플레이어 시장은 이미 삼성전자, 레인콤과 같은 한국 회사들이 장악하고 있는 실정이었다. 하지만 스티브 잡스는 디지털 뮤직 시스템 시장이 여전히 초기 단계라고 판단하고 MP3 플레이어와 소프트웨어, 콘텐츠 사업을 새롭게 기획하기 시작했다.

① 작은 크기에 대용량의 음악 파일을 담는 모순 해결

그가 처음으로 직면한 문제는 작은 크기에 대용량의 음악 파일을 담아야 한다는 것이었다. 즉, '저장 용량은 커야 하지만 크기는 작아야 한다' 는

[MP3 플레이어의 저장 용량과 크기에 대한 모순]

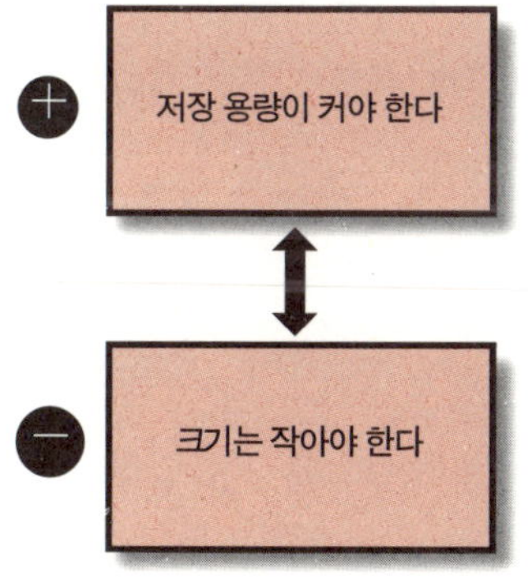

모순을 해결해야 했던 것이다. MP3 플레이어에는 몇 천 곡의 음악을 담을 수 있어야 하는데 그러려면 메모리 기능을 대폭 강화해야 했다. 한편 휴대하기 편하려면 MP3 플레이어의 크기는 작을수록 좋았다.

이에 스티브 잡스는 두께를 줄여 납작하게 만듦으로써 이 모순을 해결하고자 했다. 기존의 MP3 플레이어는 대부분 건전지에서 전원을 공급받았기 때문에 건전지 두께 이하로 본체 두께를 줄일 수 없었다. 하지만 아이팟은 과감히 건전지를 제거하고 얇은 충전용 배터리를 내장시킴으로써 MP3 파일을 다운받을 때 PC에서 충전을 하도록 했다.

이처럼 두께를 얇게 한 뒤 제품을 디자인하고 각종 컴퓨터 기능을 배치함으로써 당면한 모순을 해결했다.

스티브 잡스는 제품 개발의 컨셉과 방향을 다음과 같이 제시했다.

▸ 기존의 MP3는 잊어버려야 한다
▸ 음악 애호가들이 진정 가지고 싶어하는 아이콘이 될 만한 제품을 만든다
▸ 몇 백 곡의 노래를 담을 수 있는 음악의 바다를 만든다
▸ 두께는 얇게 하되 디스플레이 화면은 키운다
▸ 사용자 인터페이스를 강화해 다른 사용자와 화면을 통해 대화하도록
  한다
▸ 매킨토시 PC의 마우스처럼 디지털 환경에 익숙하지 않은 사람들도
  쉽게 조작할 수 있도록 휠 마우스를 도입한다

② 대량 생산을 해야 하는데 생산 시설은 없는 모순 해결

아이팟의 개발이 진행되는 동안에 스티브 잡스는 두번째 모순의 해결
에 매달렸다. 애플 컴퓨터는 여태껏 몇 만 달러에 달하는 고가의 컴퓨터
시스템을 만들던 회사였다. 그런데 몇 백 달러 정도인 작은 가전제품을
수백만 대씩 만들어야 하는 상황에 처하자 '대량 생산을 해야 하는데
생산 시설은 없다' 는 새로운 모순에 직면했다.

이 새로운 모순을 해결하기 위해 애플사는 아이팟을 개발할 때부터

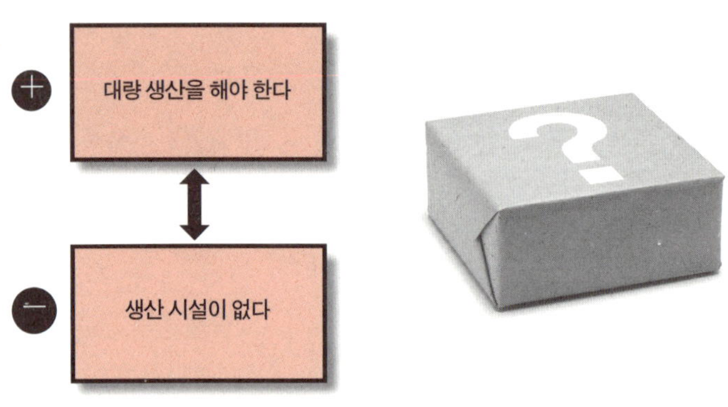

오디오 전문회사인 포털 플레이어Portal player에서 플랫폼을 라이센싱했으며 부품도 표준화된 부품을 적극적으로 채택했다. 아이팟에서 채택한 부품은 대부분 시장에서 쉽게 구할 수 있는 것들로, 하드디스크는 1.8인치짜리 도시바 제품이었으며, 얇은 충전용 배터리는 소니 제품이었다. 다른 주요 부품들도 일본 TDK나 샤프전자의 제품이었다.

하드웨어 못지않게 중요한 것은 내부에 장착될 소프트웨어였다. 소프트웨어는 휴대용 전화기의 소프트웨어를 개발한 경험을 갖고 있는 픽소Pixo라는 회사에 용역을 주었다.

애플사는 아이팟을 개발할 당시 외부의 전문 기업과 최대한 협력하는 C&D^{Connect & Development} 방식을 채택했다. 이러한 개발 방식으로 전환했기에 제품 생산에 속력을 낼 수 있었고 마침내 2003년 10월 23일 신제품 발표회를 가질 수 있었다. 애플사는 외부의 것을 수용하지 못하는 NIH^{Not Invented Here} 신드롬을 버리고 제품 개발 방식과 생산 방식을 C&D 방식으로 바꾸었던 것이다.

또한 아이팟은 대량 생산과 원가 절감이 요구되므로 자체 생산보다는 외주 생산을 해야 한다는 판단 하에 외주 생산업체를 적극적으로 발

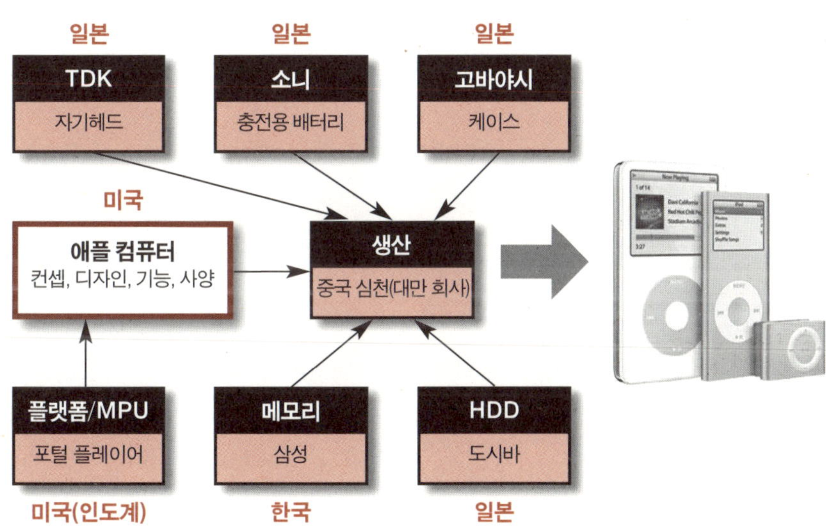

타사 제품들로 구성된 아이팟의 부품 구성

굴했다. 이에 대부분의 부품은 일본과 한국에서 조달했으며, 조립 및 생산은 중국 심천에 위치한 대만 공장에 위탁했다. 심천은 홍콩과 인접해 있어서 전세계 공급에 유리했다. 뿐만 아니라 대만 회사는 소형 제품을 생산해 본 경험이 많았기 때문에 믿고 맡길 수 있었다.

애플은 다른 사람이나 다른 기업의 아이디어에 개방적이다. MP3 플레이어 시장을 석권한 아이팟도 애플사의 외부 컨설턴트가 제시한 아이디어에서 비롯됐다. 한편 아이팟의 음악 파일은 아이튠스라는 소프트웨어를 통해 다운로드할 수 있도록 설계됐는데, 아이튠스 역시 회사 밖에서 아이디어를 사들여 와 성능을 개선한 것이었다.

아이디어를 추천하라

기업에서는 개인적으로 뛰어난 아이디어를 내더라도 팀의 동의를 받지 못하면 실행에 옮길 수 없다. 예술가는 순간적인 영감이 떠오르면 혼자서 작업을 할 수 있지만 기업에서는 아이디어에 대한 기술적 뒷받침이 이루어져야 한다. 따라서 기업에서 아이디어를 실행하기 위해서는 여러 사람의 팀워크가 중요하다.

트리즈에서는 개인적인 영감을 바탕으로 이를 뒷받침하는 다른 아이디어를 내는 것이 아니다. 반대로 기존에 있던 사례를 참조해서 어느 단계까지 끌고 오다가 마지막 단계에서 개인의 아이디어를 내도록 만든다.

숨은 모순을 찾는 3단계가 모순 매트릭스를 통해 모순의 유형에 따른 해결안을 모색하는 것이라면, 아이디어 지도라 불리는 4단계는 모순의 유형에 따라 몇 가지 해결 원리를 추천하는 것이다.

20여 년 동안 특허를 분석했던 알츠슐러는 모순 해결 방식에 대한 데이터베이스를 만들었다. 따라서 당면한 모순의 유형만 잘 정리한다면 이를 해결할 수 있는 40가지의 해결 원리를 적용함으로써 대부분의 기술적인 모순을 해결할 수 있다. 하지만 40가지의 해결 원리를 다 적용해 볼 수는 없기 때문에 모순 매트릭스를 통해 3~4가지의 해결 원리를 먼저 추천받는다. 즉, 다른 사람들이 이미 성공했던 방법을 자신의 상황에 맞게 추천해 주는 것이다.

따라서 모순 매트릭스를 이용하면 자신의 문제를 해결할 수 있는 방법을 맞춤 컨설팅 받는 효과를 얻을 수 있다.

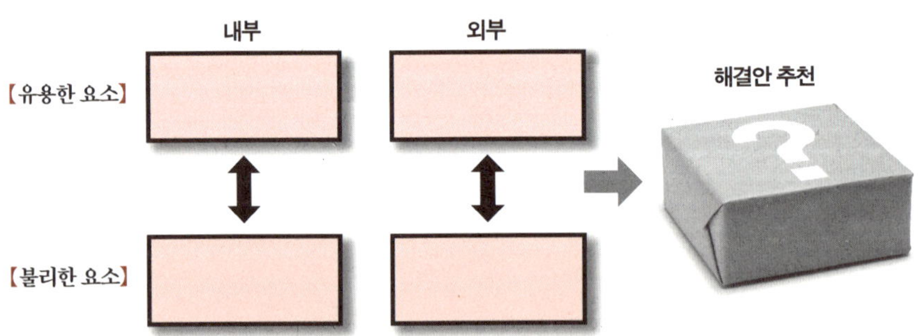

기술 분야의 문제는 모순 매트릭스에서 추천받으면 되지만 비즈니스 분야는 모순 매트릭스 자체를 만들기가 쉽지 않다. 영국의 대럴 맨이 31가지 파라미터로 비즈니스용 모순 매트릭스를 만들기도 했지만 이것 역시 비즈니스 문제에 적용하기에는 적합하지 않았다.

이에 필자는 간이 모순 매트릭스를 만들고 여기에 최적 해결안을 찾는 방식으로 40가지 해결 원리를 하나하나 대입하면서 사고의 폭을 넓히는 방법을 추천한다.

삼성 TV의 사례

대기업에서는 상품을 개발하는 과정에서 발생하는 모순을 어떻게 해결할까? 이를 알아보기 위해 삼성전자의 TV 개발 사례를 살펴보자.

삼성전자의 대표 품목은 TV다. 40년 전부터 가전 사업을 추진해 온 삼성은 언제나 TV 부문에서 세계 1등이 되는 것이 목표였다. 그러나 금성사(현 LG전자)보다 후발주자였던 탓에 삼성은 국내에서도 항상 2등에 머물렀다.

하지만 브라운관 TV 시대가 가고 PDP와 LCD로 대변되는 평면 TV 시대가 도래하면서 삼성은 국내 1등 기업의 자리를 차지하게 되었으며 세계 시장에서도 호평을 받게 되었다. 일본의 소니, 도시바, 마쓰시다 같은 대형 TV 업체들과 치열한 접전을 펼치면서 미국과 유럽 시장에서도 선전했다. 따라서 평면 TV 시장에서 세계 1등이 되기 위해서는 일본

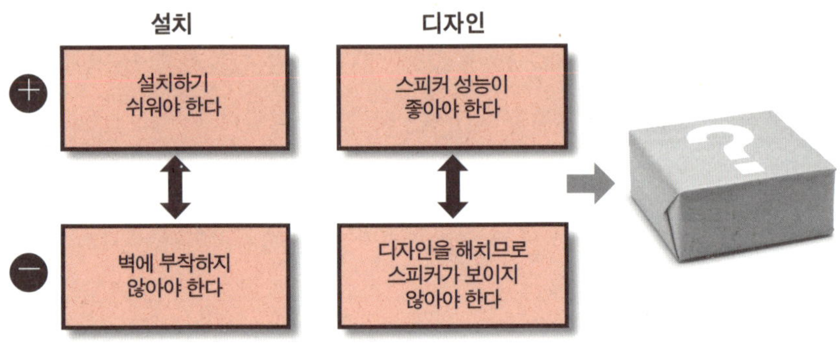

회사가 만들어내지 못하는 새로운 컨셉의 TV를 개발하는 것이 삼성전자의 최대 숙제였다.

당시 PDP와 LCD는 기술이 발달하고 가격이 낮아지면서 가정에서의 수요가 크게 증가했는데, PDP와 LCD의 평면 TV는 두께가 얇아서 대부분 벽에 부착하는 형태를 취하고 있었다. 따라서 삼성전자의 TV개발팀과 디자인팀은 두께가 얇으면서 벽에 부착하지 않아도 되는 TV를 개발하고자 했다. '설치하기 쉬우면서도 벽에 부착하지 않아야 한다' 는 모순을 해결해야 했던 것이다.

또 하나 해결해야 할 모순은 '스피커 성능이 좋아야 하지만 시각적인 효과와 공간 활용을 위해 스피커가 보이지 않아야 한다' 는 것이었다.

삼성전자는 새로운 개념의 TV를 개발하기 위해 마케팅을 중심으로 디자인, 개발, 구매 등 전 관련 부서에서 선발한 핵심 인력 11명으로 구성된 TF팀^{Task Force Team}을 구성했다. 여러 부서 사람들로 구성된 CF팀^{Cross Function Team}를 만든 후 VIP 센터에서 제공하는 프로그램에 따라 합숙 개발 과정에 돌입했던 것이다.

이후 팀원들은 국내외 소비자들의 성향을 파악하기 시작했다. 그동안 상품기획 부서만 참여했던 소비자 조사에 처음으로 디자이너, 엔지니어 등 신제품 개발에 관련된 모든 부서 관계자들이 함께 참여했다. 그들은 주요 타깃층으로 프리미엄 고객을 설정하고 사람들의 라이프스타일부터 철저히 분석하기 시작했다. 가전제품 매장을 방문하는 것은 물론, 극장, 오페라, 와인 가게, 가구 단지 등 TV와 관계없는 곳도 조사했다. 색다른 TV를 만들기 위해서는 기술적 차이를 넘어선 차별화가 필요했기 때문이다.

국내뿐만이 아니었다. 명품 LCD TV를 개발하기 위해 삼성전자는 고객들의 잠재된 욕구를 전세계적으로 조사했다. TF팀은 치밀한 현장조사와 설문조사를 통해 프리미엄 고객들의 라이프스타일을 철저히 분석한 결과, 소비자들은 TV가 단순한 방송 수상기라는 개념에서 벗어나 거실의 다른 가구들과 조화를 이루는 하나의 인테리어 도구이기를 원한다는 사실을 파악했다. 즉, TV의 진정한 가치를 다양한 기능이나 제품 사양이 아니라 '집 안의 인테리어와 잘 어울리는 TV'에 두고 있었던 것이다. 이는 TV의 첨단 기술보다 디자인을 더 중요시하는 프리미엄 고객들의 경향을 반영한 것이었다.

TF팀은 이에 따라 경쟁사 제품과 어떻게 차별화할 수 있는지, 소비자가 무엇을 원하고 있는지 파악하기 위해 가치 분석을 실시했다. 그 결과 TF팀은 LCD TV 분야에서 전통적으로 강세를 보이고 있던 일본의 샤프와 기술적인 우위로 승부해서는 안 된다고 판단했다. 소비자들에게는 기술적인 우수성을 설명하기가 어려우며 기존에 우위를 점하고 있던 샤프가 기술적인 측면에서는 유리했기 때문이다.

당시 외국 LCD업체들은 경쟁사에 비해 얼마나 화면이 크고 선명한 영상을 보여주며 얇게 만드느냐에 모든 초점을 맞추고 있었다. 따라서 지금과는 전혀 다른 컨셉을 가진 새로운 가치의 제품을 내놓지 않으면 승산이 없었다.

TF팀은 과거처럼 화질이나 기능으로 다른 회사 제품과 차별화하는 것은 의미가 없다는 결론을 내리고 대신 집안 분위기에 맞는 고급 가구라는 데 초점을 맞춰 제품을 개발하기로 했다. 이런 과정을 거치자 명품 LCD TV의 상품 기획 컨셉이 명확해졌다.

예전에는 제품을 개발할 때 소니, 샤프, 필립스 같은 경쟁사들의 경쟁 요소들을 생각하는 데 모든 생각이 집중되었다. 그 결과 똑같은 컨셉의 제품을 두고 여러 회사들이 오십보백보로 엎치락뒤치락하는 것이 일반적이었다.

하지만 당시 삼성에서 개발한 명품 LCD TV의 접근 방식은 달랐다. 경쟁자 대신 고객들이 진정 원하는 가치가 무엇인지에 주목했던 것이다. 이와 같은 방식으로 사고를 전환하자 모든 것이 달라지기 시작했다.

그 동안 경쟁에 지나치게 매달린 나머지 정작 고객들이 필요로 하는 제품을 만드는 데는 소홀했다는 사실을 깨닫자 포기할 것은 과감히 포기함으로써 경쟁자들이 미처 생각하지 못한 새로운 컨셉을 생각해 낼 수 있게 되었다.

일반적으로 제품의 개발 프로세스는 엔지니어의 설계 ➡ 상품 기획 ➡ 디자인 순으로 진행된다. 따라서 설계상에서 원가, 기술 등의 범위가 미리 결정된다. 그렇게 되면 디자이너들은 이 조건에 맞춰 디자인을 해야 하기 때문에 디자이너들이 상상할 수 있는 폭이 좁아질 수밖에 없었다. 그러나 당시 개발하던 명품 LCD TV는 일반적인 제품 개발 프로세스와는 다른 방식으로 진행되었다. 프로세스의 첫 단계를 디자인에 두었으며, 상품 기획과 설계, 개발은 다음 단계에 두었던 것이다.

이로써 TF팀은 화질이나 기능이 아닌 디자인으로 차별화되는 제품 개발에 나섰다. 집안 분위기에 맞는 고급 가구라는 데 초점을 맞춰 고급 가구에 필적할 만한 인테리어 기능을 지닌 프리미엄 가전으로 설계하기로 했다.

그런데 또 다른 고민이 시작됐다. 바로 TV를 어떻게 거실의 인테리어 가구로 탈바꿈시킬까 하는 문제였다. 감성이라는 컨셉을 형상화하기 위해 고민을 거듭했으나 디자인 컨셉은 쉽게 잡히지 않았다.

고민에 빠져 있던 개발팀은 어느 날 퇴근 후 와인을 한 잔씩 마시다가 적포도주가 살짝 남아 있는 투명 유리잔에서 문득 영감을 떠올렸다. 누군가 내려놓은 와인 잔에 남아 있는 붉은 와인과 조명 아래 반짝이는 투명한 유리잔, 그리고 온몸에 퍼지는 와인의 은은한 취기. 와인이 가진 이 같은 열정과 기분 좋은 감성을 TV에 담아야겠다고 생각했던 것이다.

그 뒤 디자인팀은 와인잔을 형상화한 디자인 시안을 제출했고 이 시안을 본 TF팀 관계자들은 그 자리에서 "바로 이거다!" 라며 의견 일치를 보았다. 그 후 디자인팀에서는 붉은 와인이 살짝 남아 있는 투명 유리잔을 모티브로 수백 장의 스케치를 거쳐 이미지 컨셉을 만들었다.

그날 이후 와인이 가진 열정과 감성을 TV에 담기 위해 3~4번의 컬러 품평회를 거쳤으며, 30~40개 컬러를 이 LCD TV에 적용해 보는 등 컬러 검증 과정을 거치기도 했다. 그 결과 무채색 일색의 TV 디자인의 역사가 화이트와 레드, 블랙과 블루를 과감히 적용한 감성적인 유채색 LCD TV로 새롭게 탄생했다.

개발팀은 와인이 살짝 남아 있는 모습을 형상화하기 위해 화이트 바디 하단에는 레드 포인트를, 블랙 바디 하단에는 블루 포인트를 줬으며, 제품명은 포도주 원산지로 유명한 ‘보르도’ 로 정했다.

　제품의 큰 테마가 결정되자 이후의 초점은 디자이너가 디자인한 와인 잔의 형상을 어떻게 하면 최대한 살릴 수 있는가에 맞춰졌다. TF팀 멤버들은 와인과 함께 생활한다는 의미에서 언제나 레드 와인을 사무실에 비치해 놓고 와인의 감성으로 제품 개발에 몰입하려고 노력했다.

　TF팀은 보르도 TV 개발 과정에서 수없이 많은 난관을 돌파해야 했다. 2005년 9월 말 디자인 시안대로 시험 제품을 제작해 삼성전자 최지성 사장에게 보고하자 사장으로부터 당장 집어치우라는 불호령이 떨어졌다. 보르도 TV의 제품 두께가 280㎜로 시안보다 두껍게 나왔기 때문이다. 최 사장이 과감하게 금형을 버리고 원래대로 날씬하게 만들라고 지시했다. 당시 32인치 TV의 두께는 100㎜였는데, 이를 더 얇게 만들라는 질책이었다.

　금형을 새로 할 경우 소요되는 금형 값만 해도 20억～30억 원에 달하는 거액이었다. 따라서 이는 보르도 TV 디자인에 대한 확신이 없었다면 내리기 어려운 결정이었다. 그렇지만 두께를 조금이라도 더 얇게 하기 위한 노력은 계속되었다.

　금형 기술도 문제였다. 보르도 TV는 붉은 포도주가 담긴 와인 잔 모습을 감각적으로 형상화한 것이어서 금형 기술이 받쳐주지 않으면 이를 제대로 구현할 수 없다. 또한 제품의 앞면뿐 아니라 테두리와 뒷면까지 표면 전체를 광택 처리하는 것도 만만치 않은 일이었다. 다행히 협력업체 가운데 제일정공 등 3개 업체가 삼성전자와 함께 개발한 웰드리스weldless 스팀몰드 기술을 보유하고 있어 큰 보탬이 됐다.

이 과정에서 한 디자이너가 화면에서 소리가 나는 듯한 느낌을 주려면 스피커를 없애야 한다는 아이디어를 제시했다. 이를 위해 TV 전면에 위치하던 스피커를 화면 밑에 숨겼으며 컨트롤 버튼은 보이지 않도록 옆면에 배치했다.

일반적으로 TV는 화면 좌우나 하단에 스피커를 배치하고 겉면에 구멍을 뚫어 소리가 나오도록 하는데 이렇게 할 경우 스피커에서 나오는 음향의 30% 정도가 투과된다. 하지만 보르도 TV는 제품 하단에 스피커를 배치하고 음향이 TV 아래쪽으로 흘러나오도록 했다. 이 때문에 스피커가 보이지는 않았지만 기존 스피커에 비해 음향 투과율이 높았다.

한편 TV 뒷면과 스탠드에도 앞면과 마찬가지로 고광택 코팅을 함으로써 뒤태의 품격에도 신경을 썼다. TV 전원을 껐을 때도 아름다운 가구처럼 보이도록 만드는 게 목표였다. 개발부서에서는 디자인을 살리기 위해 두께를 87㎜로 최소화하고 스피커 부분을 감추기 위해 히든 스피커hidden speaker를 새로 설계하는 등 수차례 시행착오를 거친 끝에 결국 디자이너가 원하는 컨셉의 제품을 완성해 냈다.

이렇듯 수많은 시행착오와 테스트 과정을 거친 끝에 1년 만에 보르도 TV가 탄생되었다. 보르도 TV는 디자인 중심으로 프로젝트가 진행되었기 때문에 팀원들이 제약 없이 마음껏 창의력을 펼칠 수 있었다. 무한 상상의 디자인이 제품 프로세스의 첫 단추를 끼우자 이를 검증할 수 있는 여유를 가질 수 있었고, 이에 경영진은 미리 나온 비주얼적 요소를 통해 보르도 TV의 시장성을 고민하고 판단할 수 있었다. 또한 마케팅과 개발, 후속 디자인 작업도 비교적 여유를 가지고 진행할 수 있었다. 이처럼 보르도 TV는 기술적 이론보다 감성을, 개발자가 판단하는 개념보다 고객이 원하는 개념를 중심으로 제품 개발을 진행했다.

창의적 아이디어를 중심에 놓은 프로세스와 이를 가능하게 만든 마케팅, 기술, 디자인, 사람, 그리고 열정이 어우러져 만들어진 대표적 작품이 바로 보르도 TV다.

해결 원리를 이용하라

지금까지의 창의적 문제 해결 과정은 다음 네 단계를 거쳐 왔다.

- 공동 목표를 정하라
- 전체 그림을 그려라
- 숨은 모순을 찾아라
- 아이디어를 추천하라

이제 아이디어 탐험의 결정적인 단계는 문제 해결을 위해 발명의 원리를 적용하는 것이다. 지금까지 헤매지 않고 제대로 온 것은 다행스러운 일이지만 여기까지 왔다고 목적지에 도달한 것은 아니다.

이제 목표의 중간 정도까지 왔으므로 나침반을 이용해서 최종 목표를 향해 나아가야 한다. 아이디어 지도 단계인 4단계에서 3~4가지의 해결 원리를 추천받았다면 그 원리를 문제 해결에 적용해야 한다. 추천받은 해결 원리가 곧 정답은 아니다. 그것은 이전에 특허를 얻은 천재들이 어떤 방법과 원리를 적용했는지 알려준 것에 불과하다.

다른 창의력 기법은 먼저 개인이 창의적인 아이디어를 내고 나중에 객관화시키는 작업을 진행하지만 트리즈는 먼저 객관화된 아이디어를 참조해서 나중에 개인의 창의력을 발휘하도록 하므로 추천받은 해결 원리를 가지고 집중적으로 새로운 아이디어를 모색해야 한다.

이를 위해서는 팀을 이루어 창의적 문제 해결의 4단계까지 거친 뒤 새로운 해결 방안에 공감하도록 만들어야 한다. 그런 다음 더욱 창의적인 방법을 강구해 모순을 해결해야 한다. 창의적 문제 해결 과정의 5단계를 거치다 보면 기존 아이디어의 데이터베이스를 이용할 수도 있다. 또한 객관화된 아이디어도 낼 수 있고 팀원들 간에 합의하는 시간도 많이 단축된다.

하지만 이 5단계에 도달했다고 해서 창조 탐험 과정이 끝나는 것은 아니다. 해결 원리를 이용하는 5단계는 새로운 아이디어를 내는 출발점이다. 여기서부터는 개인의 창의적인 발상과 실행이 요구된다.

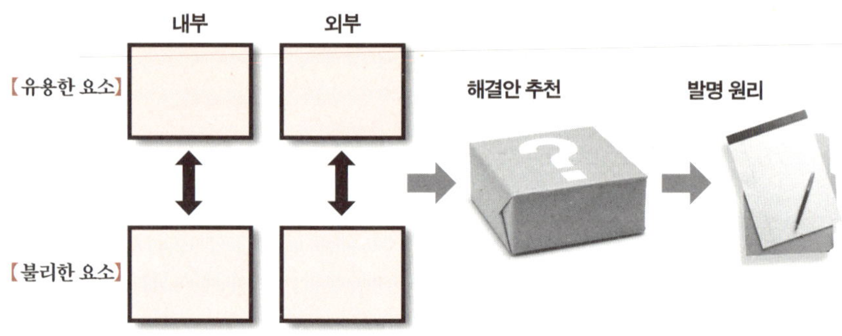

스타벅스의 사례

여기서는 해결 원리를 이용함으로써 평범한 비즈니스를 색다른 비즈니스로 변신시킨 스타벅스의 사례를 살펴보자.

① 다양한 주문과 신속한 처리에 대한 모순 해결

전세계적으로 커피는 석유 다음으로 많이 소비되는 품목이다. 통계에 의하면 커피의 일일소비량은 40억 잔에 달한다. 커피는 원래 에티오피아 고원에서 발견되어 11세기경 이슬람 수도승들에 의해 잠을 쫓기 위한 목적으로 애용되다가 예멘과 중앙아시아를 거쳐 유럽까지 전파되었다. 이후 17세기 유럽의 제국들이 식민지를 개척하면서부터 본격적으로 세계화되었다.

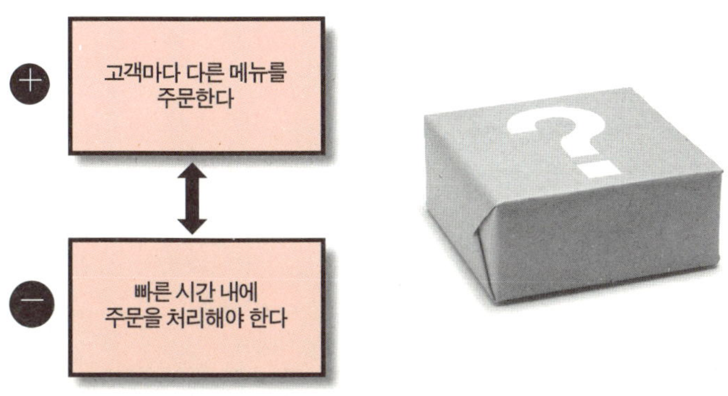

커피는 스타벅스라는 프리미엄 커피가 등장하기 전까지는 소프트 드링크류의 인기에 밀려 1960년대 중반 이래 지속적인 감소 추세를 보이고 있었다. 심지어 미국의 커피업체들은 커피 산업 자체에 대해 심각한 회의론에 빠져들기도 했다.

오랜 역사를 가지고 있어 이미 세계화된 커피는 코카콜라와 같은 청량음료가 무섭게 성장하자 음료 시장을 서서히 잠식당했다. 커피가 청량음료에 잠식당하던 시기는 1960년대 말이었으며, 스타벅스는 1970년 초에 탄생되었다. 이는 스타벅스가 탄생한 배경에 발상의 전환이 있었다는 것을 의미한다.

스타벅스 매장 문을 열고 들어서면 코끝으로 전해오는 커피의 진한 향과 갓 볶아낸 커피의 신선함이 활력을 불어넣어 준다. 또한 벽마다 걸려 있는 이국적 이미지의 액자와 매장에서 판매하는 고급 커피 및 커피 도구들은 고객에게 즐거운 볼거리를 제공하고, 매장 내의 클래식 음악, 에스프레소 커피 가는 소리, 손님들의 자유로운 대화 소리는 즐거운 들을거리를 제공하며, 직원이 만든 에스프레소 커피의 진한 맛은 즐거운 먹을거리를 제공한다.

스타벅스는 더 이상 커피 가게가 아니다. 이곳은 고객의 코와 눈과 귀와 입을 자극해 고객을 즐겁게 해주는 새로운 공간, 즉 제3의 장소다. 스타벅스는 집과 직장을 떠난 사람들의 가장 편안한 휴식 공간으로서, 제3의 장소에서 잠깐이나마 즐거운 시간을 보낼 수 있도록 만든다는 것을 모토로 하고 있다.

스타벅스를 만든 하워드 슐츠는 커피에 대한 정의를 바꾼 인물이다. 창의적인 아이디어를 가지고 있었던 그는 집이나 직장에서 벗어나 편안하게 쉴 수 있는 문화 공간을 만들고자 했다. 하워드 슐츠는 스타벅스를 단순히 커피를 판매하는 기업으로 생각하지 않았다. 그는 스타벅스 브랜드를 통해 편안하고 안정된 공간과 문화, 그리고 경험을 파는 새로운 가치를 만들어냈다.

수천만 명에 이르는 고객들은 스타벅스가 제공하는 5~10분간의 편안한 휴식, 최고급 원두커피, 사회적 교류라는 경험을 사기 위해 스타벅스를 방문한다. 현대인들은 일터와 가정의 긴장감에서 벗어날 수 있는 제3의 장소에 열광했고, 그렇게 열광적으로 만족한 고객들에 의해 스타벅스는 입에서 입으로 전해졌다. 이로써 스타벅스는 단 한 번의 브랜드 광고 없이 세계 최고의 브랜드를 구축할 수 있었다.

스타벅스는 커피를 파는 것이 아니라 편안하고 고급스러운 경험을 판매한다. 즉, 단순히 고급 시장을 만든 것이 아니라 새로운 고급 소비 문화를 창출한 것이다. 다른 커피 관련 기업들처럼 커피에만 초점을 맞추었다면 좀더 좋은 품질의 커피를 제공할 수 있었을지는 몰라도 스타벅스와 같은 새로운 가치를 창출할 수는 없었을 것이다.

스타벅스는 이탈리아의 에소프레소 커피 문화와 테이크아웃이라는 새로운 라이프스타일을 유행시켰다. 이탈리아 커피 문화와 테이크아웃 문화를 확산시켰다는 사실은 스타벅스를 커피 회사가 아닌 문화 기업이라고 부를 수 있는 중요한 이유 가운데 하나다. 스타벅스는 바쁜 일상을 사는 도시인의 문화 상징으로 인식되면서 차별화와 감성 코드로 단골 고객을 늘려가고 있다.

사람들은 스타벅스 커피를 마심으로써 '나는 최고의 품질을 찾는 고상한 사람'이라는 자부심을 갖는다. 이는 스타벅스가 가정과 직장을 바삐 오가며 제대로 쉴 곳이 없던 미국인들에게 강렬한 향의 커피와 잔잔한 음악, 조명이 깔린 문화적 공간을 제공했기 때문이다. 인스턴트식

품에 식상한 미국인들에게 인간미가 듬뿍 담긴 새로운 커피 문화를 앞세운 이색적인 마케팅 덕분에 스타벅스는 휴식을 취할 수 있는 장소로 인식되었다. 스타벅스는 커피 체인점이기는 하지만 커피를 마시는 분위기에 대한 서비스가 오히려 주된 상품이라 할 수 있다.

한편 스타벅스는 커피에 대한 개념 자체를 바꿔놓았다. 불과 몇 년 전만 해도 커피 하면 떠오는 제품은 맥심, 테이스터스 초이스 등 이른바 직접 타먹는 인스턴트 커피였다. 그렇지만 스타벅스의 등장으로 인해 커피에 대한 인식이 180도 바뀌었다. 커피 하면 스타벅스의 카라멜 마키야또, 프라푸치노가 생각나고, 반가운 사람과의 만남과 대화가 떠오르게 된 것이다. 스타벅스는 탁월한 맛으로 커피 품질의 고급화와 다양화를 이룩했을 뿐만 아니라 커피 매장을 휴식과 대화의 공간으로 재창조했다.

스타벅스는 기존의 커피 음료 시장에서 충족되지 못했던 소비자의 욕구를 발견했으며 이를 만족시키는 제품과 서비스를 개발했다. 스타벅스는 저렴한 가격의 일용품과 인스턴트식 커피가 대부분이었던 기존의 커피 음료 시장에 고급스럽고 편안한 공간이라는 차별화를 시도함으로써 새로운 시장을 선점했던 것이다.

신선도와 품질에 대한 스타벅스의 기준은 상상을 초월할 정도로 엄격하다. 가격에 상관없이 최고의 원두만을 엄선해서 구매하는가 하면,

원두를 구매했더라도 기준에 맞지 않거나 일주일 이상 경과되면 자선 단체에 기부하고 있다. 스타벅스 매장에서 커피를 만드는 바리스타 Barista들은 최고의 향과 맛을 낼 수 있도록 철저한 교육을 받고 있다.

스타벅스는 최상의 커피 품질을 위해 커피 원료를 구매하는 단계에서부터 배송, 가공, 판매에 이르기까지 전 과정을 직접 관리하는 전사적인 노력을 기울이고 있다. 수많은 커피 바이어들은 세계 각지를 여행하며 우수한 품질의 커피를 직접 발굴하며, 수십 년간의 원두 감정 경험을 토대로 가장 훌륭한 원두를 선택한다.

스타벅스는 커피에 인공적인 향을 첨가하지 않을 뿐만 아니라 신선한 커피를 공급하기 위해 1주일이 넘은 원두는 사용하지 않는다. 또한 신선도를 유지하기 위해 추출 후 1시간이 지난 커피는 폐기 처분하며 고객들이 이를 확인할 수 있도록 원두메이커 앞에 타이머를 달아놓았다. 즉, 1주일이 지난 원두와 1시간이 지난 커피는 폐기함으로써 고객의 건강을 생각한다는 철학을 커피메이커에 부착된 타이머를 통해 물리적 증거로 제시하는 것이다.

이로써 스타벅스는 고객의 마음속 깊은 곳에서 우러난 신뢰를 얻는 데 성공했다.

② 다양한 개인 맞춤 메뉴와 서비스에 대한 모순 해결

스타벅스는 맞춤 서비스를 중요한 경영 전략의 하나로 삼고 있으며 최

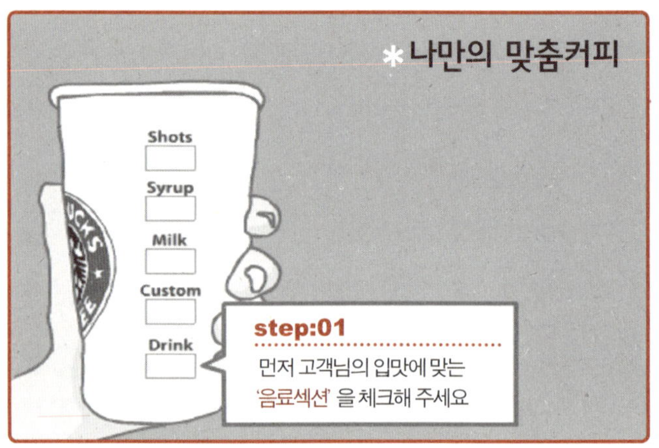

근 들어 이를 강화하고 있다.

'나만의 맞춤커피' 라는 서비스를 통해 에스프레소 샷이나 시럽 등을 기호에 맞게 선택함으로써 자신의 입맛에 꼭 맞는 커피를 어느 스타벅스 매장에서나 맛볼 수 있도록 한 것이다.

고객이 맞춤 커피를 만들기 위해서는 먼저 라떼, 카푸치노, 아메리카노, 모카, 카라멜 마끼야또 가운데 입맛에 맞는 음료를 선택하고, 휘핑 추가 여부와 음료의 온도를 선택한다. 이어 우유나 저지방우유 중 하나를 고르고, 아몬드, 캐러멜, 헤이즐넛, 바닐라 등 시럽을 선택한다. 마지막으로 샷을 디블로 할 것인지 트리플로 할 것인지 고를 수 있다. 예를 들어 라떼에 휘핑을 추가하고 저지방우유를 선택한 후 캐러멜 시럽에 더블샷을 추가한다면 이 제품의 이름은 '더블 톨 캐러멜 로팻 휩크림 라떼'가 되는 식이다.

이렇게 주문한 제품은 스타벅스의 커피 전문가인 바리스타에 의해 즉석에서 만들어진다. 샷이나 시럽을 선택할 수 있게 됨에 따라 스타벅스에서 맛볼 수 있는 커피의 종류는 1만 9,000개에 달한다.

고객 중심으로 구성된 스타벅스의 주문 방식에 따라 사이즈, 향, 농도 등을 차례로 선택함으로써 고객은 자신이 원하는 최상의 음료를 맛볼 수 있다.

스타벅스는 이처럼 고객에게 다양한 메뉴를 제공하면서도 개개인에게 맞춤 서비스를 하고 있다. 하지만 다양한 메뉴를 맞춤 서비스하려면 직원이 여러 명 필요한데 매장을 운영하기 위해서는 한 사람이 서비스해야 한다는 모순이 다시 발생한다.

스타벅스는 이러한 모순을 바리스타(주문, 조제, 홀서비스, 백오피스를 담당하는 다기능 서비스맨)라는 커피 전문가를 양성하면서 해결했다. 바리스타는 고객이 개별적으로 원하는 메뉴를 주문받아 직접 조제하고 홀서비스까지 하는 커피 전문가를 뜻한다.

스타벅스에서는 한 달간의 훈련을 통해 바리스타를 양성하고 있다.

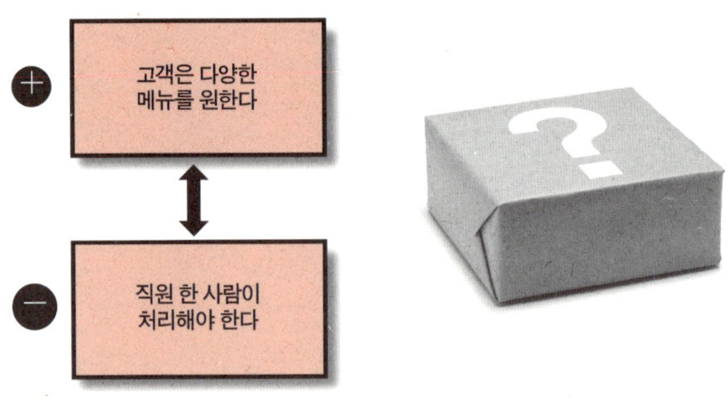

"초콜릿 케이크를 디저트로 먹으려는데 어떤 커피가 어울릴까요?" "손님들에게 과일과 함께 대접하려 하는데 어떤 종류의 커피가 좋을까요?" 와 같은 질문을 바리스타에게 던지면 이들은 커피에 대한 모든 궁금증을 속 시원히 풀어줄 것이다. 바리스타는 커피에 관해서는 최고의 전문가라고 자부할 수 있다.

이렇게 되기까지는 종업원에 대한 슐츠의 남다른 철학이 가장 큰 영향을 미쳤지만 정교하게 준비된 훈련 프로그램의 역할 또한 간과할 수 없다.

모든 신입 바리스타는 커피 지식, 커피 추출 시간, 고객 서비스 등과 관련해 80시간짜리 교육 프로그램을 이수해야 하며, 신입 바리스타는 선배의 배려 하에 지속적인 OJT 과정을 거친다. 그리고 이러한 교육은 현장 경험이 풍부한 매니저나 바리스타에 의해 1 대 1로 이루어진다.

이처럼 스타벅스가 제공하는 전문적인 서비스의 이면에는 종업원을 가족처럼 생각하는 기업의 철학과 체계적인 훈련 프로그램이 깔려 있다.

03

창의적 사고로 모순을 해결한 사례

미래에셋자산운용의 모순 해결 과정
영화 〈디워〉의 모순 해결 과정

how

창의력은 상상력과 다양성이 결합될 때 더욱 풍부해지지만 마냥 자유를 부여한다고 해서 창의력이 배가되는 것은 아니다. 이럴 때에는 어느 정도의 방법론이나 도구를 활용하는 것이 창의력을 향상시키는 데 도움이 된다.

예술가적인 창의력이나 개인적인 창의력은 다른 사람과 합의할 필요가 없다. 하지만 비즈니스적인 창의력은 다르다. 단순한 아이디어에 그쳐서는 안 되며 다른 사람의 공감을 얻은 뒤 실행으로 옮겨야 하기 때문이다. 따라서 비즈니스적인 창의력이 필요한 사람들은 사고에 도움이 되는 방법론과 프로세스를 활용함으로써 자신의 생각을 표현하고 다른 사람의 동의를 얻을 수 있다.

비즈니스적인 창의력을 발휘하기 위해서는 트리즈를 이용하는 것이 좋다. 트리즈는 남이 풀지 못한 모순을 해결하는 방법과 사례를 제시함으로써 사고를 더욱 유연하게 만들어주며 시야도 넓혀준다. 따라서 트리즈를 활용하면 자신의 아이디어를 쉽게 표현할 수 있으며, 다른 사람의 아이디어와 시너지 효과를 내기도 쉽다.

모순을 해결하기 위한 트리즈의 5단계 프로세스는 2장에서 제시한

바 있다.

- 공동 목표를 정하라
- 전체 그림을 그려라
- 숨은 모순을 찾아라
- 아이디어를 추천하라
- 해결 원리를 이용하라

물론 이 5단계를 거친다고 해서 새로운 아이디어가 저절로 만들어 지는 것은 아니다. 이 5단계는 비슷한 문제에 직면했을 때 다른 사람들은 어떻게 문제를 해결했는지 추천 해결 원리를 예시해 줌으로써 옆길로 빠지지 않고 창의적 아이디어를 낼 수 있도록 지름길을 알려줄 뿐이다.

해결 원리를 추천받으면 그때부터 자신의 아이디어를 생각해 내야 한다. 이상적인 해결안을 찾아낼 때까지 여러 가지 원리를 적용하면서 생각을 거듭하다 보면 예시적인 도움 없이도 이상적인 해결안을 만들어낼 수 있다.

이처럼 트리즈는 시행착오를 줄임으로써 적시에 좋은 아이디어를 낼 수 있도록 최단 프로세스를 제공하는 역할을 한다. 아무리 좋은 아이디어라 하더라도 시기에 부합하지 못하면 평범한 아이디어가 되어버리고 말기 때문이다.

트리즈를 이용해 모순을 해결하는 프로세스

남이 풀지 못한 모순의 해결

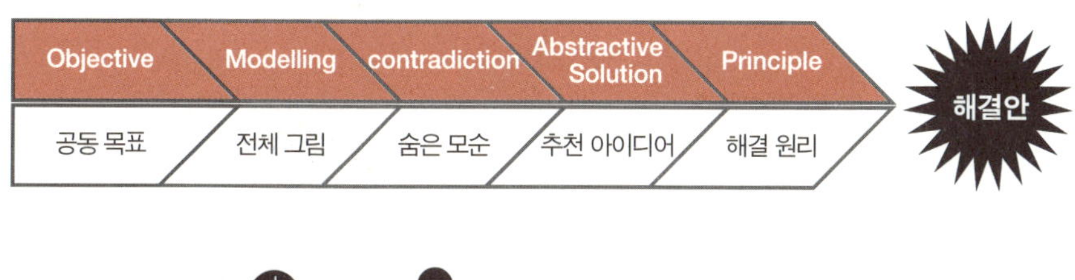

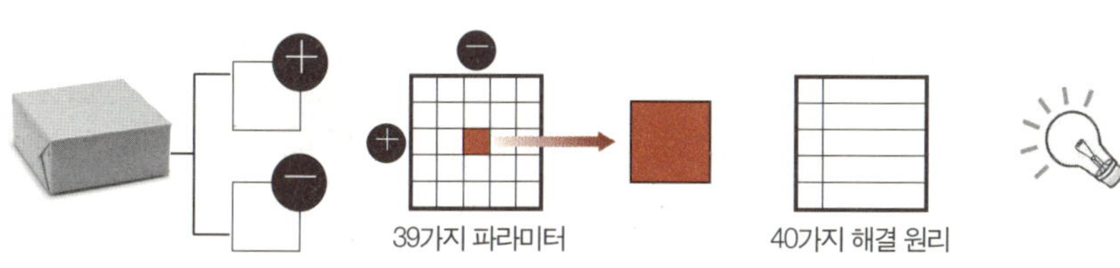

미래에셋자산운용의 모순 해결 과정

여기서는 트리즈를 이용해서 실제로 문제를 해결한 사례를 살펴보자. IMF 외환위기 이후 금융 시장에는 지각 변동이 일어났다. 특히 2004년부터 2005년까지 투자 금융과 증권 시장의 변화가 두드러졌다. 한 예로 투자 금융에서는 펀드 상품 개발이 활발해졌는데 이에 대한 고객들의 관심도 높아져 이제 펀드는 일반 직장인은 물론 대학생, 가정주부까지 가입하는 보편적인 상품이 되었다.

투자 금융 시장이 이처럼 활발해지자 증권 회사를 비롯한 다른 금융 기관에서도 자산운용회사를 설립했다. 자산운용회사들은 국내 주식과 연관한 투자 상품은 물론 해외 투자 운용 상품까지 개발함으로써 고객 유치에 열을 올렸다. 그 과정에서 자산운용회사들은 모순에 직면했다. 펀드 상품을 판매하려면 판매망이 있어야 하는데 이들은 소매 금융에 관한 경험이 없고 판매망도 없었기 때문이다. 이들이 당면한 과제는 다음과 같았다. '판매점을 신설하지 않고 판매망을 늘릴 방법을 찾아야 한다.'

투자 상품에 관심을 갖고 있는 고객을 유치하려면 지점이 필요하지만 신설 자산운용회사는 지점을 늘릴 만한 자금이나 능력이 없었다. 결국 자산운용회사들은 지점을 늘리지 않고 고객과의 접근성을 높여야 하는 모순을 해결해야만 했다. 이 상황을 트리즈의 창의적 문제 해결 과정을 통해 살펴보자.

먼저 자산운용회사들이 안고 있는 모순을 파라미터(parameter, 기술

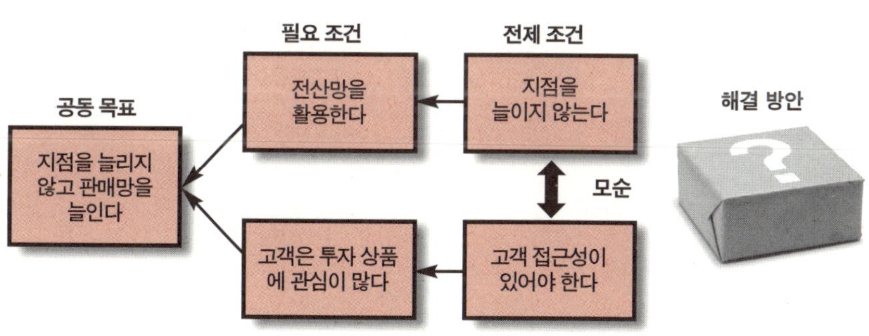

적 요소)로 전환해야 한다. 지점을 늘리면 비용이 발생하므로 비용이 발생하지 않는 새로운 방법을 찾아야 하는 반면 고객에게 투자 상품을 알리려면 고객 접근성도 좋아야 한다.

이 2가지의 모순 요소를 모순 파라미터로 바꾸어보자.

‘지점을 늘리지 않아야 한다’는 요소는 31가지 비즈니스 파라미터 중 12번 항목인 ‘공급 비용’에 해당된다. ‘고객 접근성이 좋아야 한다’는 31가지 파라미터 중 21번 항목인 ‘고객 자산/수요’에 해당된다.

따라서 모순 매트릭스의 12번 항목과 21번 항목이 교차되는 지점에 이 문제의 해결 가능한 아이디어가 있다. 모순 매트릭스상에서 12번과 21번이 교차되는 지점을 보면 5가지의 해결 원리가 나온다(부록 참조).

40가지 해결 원리 가운데 이 문제를 해결하는 데 도움이 되는 원리는 2번, 35번, 13번, 25번, 26번, 16번이다.

- 2번 : 추출 · 적출
- 35번 : 특성 변화
- 13번 : 반대로 하기
- 25번 : 셀프 서비스
- 26번 : 대체 수단
- 16번 : 과부족 조치

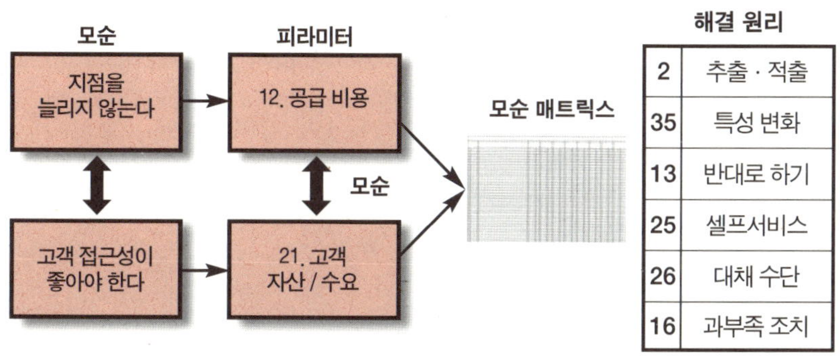

이제 5가지 해결 원리를 하나하나 되짚어보면서 이 중에서 응용 가능한 아이디어를 찾아본다.

이 5가지 해결 원리를 비즈니스적으로 응용함으로써 어떻게 새로운 아이디어를 만들어낼 것인지 구상해야 한다. 이때에는 혼자 생각해볼 수도 있고 전문가들과 모여 브레인스토밍 방식으로 토의를 할 수도 있다.

여기까지 이르면 지점을 늘리지 않고 판매망을 늘려야 된다는 애초의 막연한 목표보다는 훨씬 실천 가능한 아이디어를 낼 수 있는 상황이 되었다.

이제 트리즈 모순 매트릭스에서 추천한 5가지 해결 원리를 더욱 골똘히 생각하다 하면 지금까지 남들이 풀지 못한 모순을 해결할 수 있는

번호	아이디어 원리	비즈니스 아이디어
2	추출 · 적출	린 원칙(Lean process, 부가가치 활동 추출)
35	특성 변화	인터넷 뱅킹
13	반대로 하기	출퇴근 ↔ 재택근무
25	셀프서비스	IT 정보망을 이용해 정보 교환
26	대체 수단	비가시적인 것을 가시적인 것으로 대체
16	과부족 조치	파레토 법칙의 상위 20%에 집중

새로운 아이디어가 떠오를 수 있다.

실제로 미래에셋자산운용 회사는 앞에서 제시한 모순을 해결한 바 있다. 이 회사는 투자자산 상품과 각종 펀드 상품을 개발했지만 판매 방법이 마땅치 않았다. '지점을 늘리지 않고 판매망을 늘려야 한다' 라는 모순을 해결해야 했던 것이다. 이 회사가 문제를 해결하기 위해 창의적 문제 해결의 5단계를 거쳤다면 위의 표에서 제시하는 바와 같은 비즈니스 아이디어를 유추해 낼 수 있었을 것이다.

이러한 아이디어를 놓고 이 회사의 경영진들은 다음과 같은 고민에 빠졌을 것이다. "펀드 상품을 가장 잘 판매할 수 있는 조직은 어디일

번호	아이디어 원리	비즈니스 아이디어	실용
2	추출 · 적출	린 원칙	펀드
35	특성 변화	인터넷 뱅킹	인터넷 활용
13	반대로 하기	출퇴근 ↔ 재택근무	보험 회사 영업망 이용
25	셀프서비스	IT 정보망을 이용해 정보 교환	인터넷 펀드 판매
26	대체 수단	비가시적인 것을 가시적인 것으로 대체	인터넷 펀드의 상담 판매
16	과부족 조치	파레토 법칙의 상위 20%에 집중	VIP층 밀집 지역에 지점 개설

까?", "판매망으로 보험 회사를 이용하면 어떨까?", "이들과 인터넷을 연결하여 펀드 상품을 간접 판매하면 어떨까?", "인터넷이 가지는 약한 영업력을 상담원을 둠으로써 보강하면 어떨까?", "처음에 많은 점포를 개설하기보다는 VIP 밀집 지역에만 설치한 뒤 휴먼 인터페이스를 강화하면 어떨까?"

이 회사에서 내린 이상적 해결안은 미래에셋금융그룹 내에 있는 생명보험 회사를 투자자산 운용상품의 판매 파트너로 삼는 것이었다. 미래에셋생명의 경우 원래 생명보험만을 사업 영역으로 했으나 금융 업

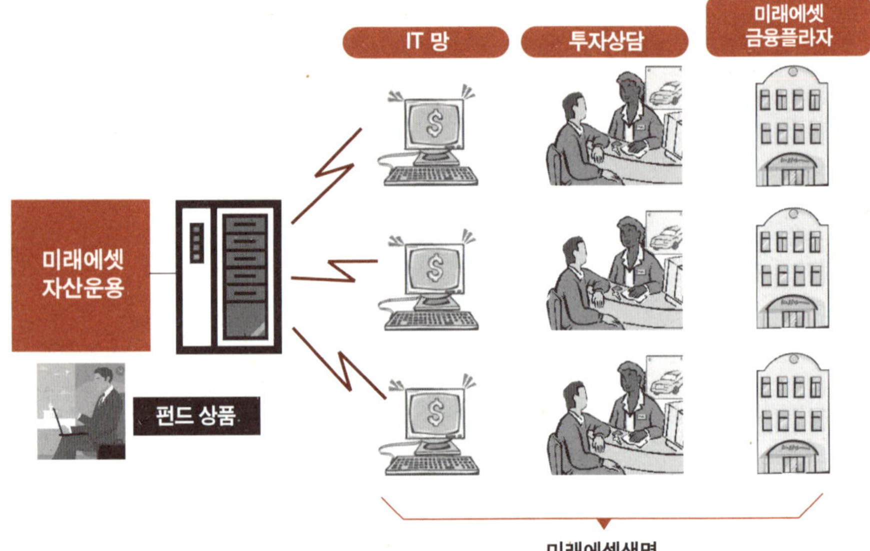

종 간 경계가 무너지는 상황에서 새로운 비즈니스 모델을 찾고 있었다.

생명보험은 경쟁이 치열하고 부가가치가 높지 않은 업종이라 후발의 작은 보험 회사였던 미래에셋생명은 경쟁력이 떨어지는 편이었다. 이에 영업력이 강한 생명보험의 특성을 감안, 자산운용 사업에 경쟁력이 있을 것으로 판단하여 이 사업에 참여하기로 했다.

이로써 미래에셋생명은 자산운용 사업의 새로운 비즈니스 모델을 만들었다. 생명보험 회사가 보장성 보험만 판매하는 것이 아니라 투자성 상품도 판매했으며, 판매 형태도 방문 판매가 아니라 영업점 판매 형태로 전환했던 것이다. 미래에셋생명은 '미래에셋 금융플라자' 라는 점포형 영업으로 패턴을 바꾸고 직원들에게도 펀드 투자 자격시험을 보게 하여 펀드투자 자격을 갖게 만들었다. 한편 금융플라자는 IT 시스템을 이용하여 미래에셋자산운용과 연결함으로써 인터넷으로 펀드 상품을 거래하도록 했다.

미래에셋생명은 맵스자산운용의 대표를 영입해 주력 상품을 투자형 상품으로 바꾸어나갔다. 이러한 노력에 힘입어 2007년 미래에셋생명은 2005년에 비해 4배나 성장했고 생명보험 회사의 순위도 20위에서 4위로 급성장했다.

이는 시대의 변화를 읽고 창의적인 발상을 함으로써 새로운 비즈니스 모델을 탄생시킨 사례다.

일본과 동남아에서는 한국 영화와 드라마가 한류 열풍에 힘입어 선풍적인 인기를 얻고 있다. 하지만 한국 영화가 미국 시장에서 성공한 사례는 아직 없다. 규모가 가장 큰 시장이지만 이 시장을 어떻게 공략해야 할지 방법을 찾지 못했던 것이다.

한편 한국 시장을 겨냥해 만든 영화가 정서적으로 비슷한 일본이나 중국에서 좋은 반응을 얻어 수출된 사례는 많지만 수출을 전제로 만들어진 영화는 거의 없었다. 특히 미국 시장으로의 수출을 목표로 만들어진 영화는 전혀 없었다. 하지만 이 커다란 과제에 도전한 사람이 있다. 바로 코미디언 출신의 영화감독 심형래다.

〈디워D-War〉라는 SF 영화를 제작해 미국 시장을 공략하고 있는 그는 이전에도 〈용가리〉라는 영화로 해외 진출을 시도한 적이 있는 창조적이고 도전적인 인물이다. 〈디워〉를 제작하는 과정에서 그는 과거 영화 제작 때와는 다르게 창조적인 아이디어와 방법을 구사했는데, 그가 〈디워〉의 제작과 흥행에서 어떠한 방법을 썼는지 트리즈의 모델을 통해 분석해 보자.

심형래 감독은 몇 번의 경험을 밑거름 삼아 〈디워〉를 기획하는 과정에서는 더욱 창조적인 목표를 설정했다. 이 영화의 목표는 미국 시장에서 성공하는 것이었다.

미국 시장을 겨냥한 영화는 글로벌화된 영화여야 하지만 심형래 감독이 선택할 수 있는 소재는 한국적인 것이었다. 글로벌화된 영화와 한

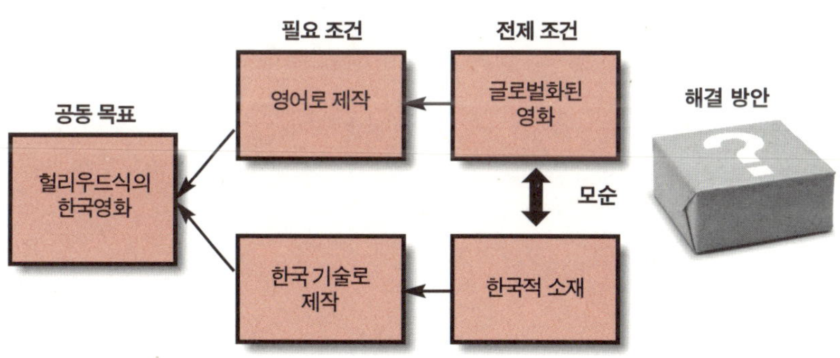

국적인 소재 사이에는 커다란 모순이 존재한다. 이 모순을 해결하는 방안을 찾는 것이 영화의 성패를 좌우한다.

이 모순을 해결하려면 전체 그림을 보면서 문제를 모델링해야 한다. 이를 위해서는 모순을 파라미터로 변환하는 과정이 필요하다.

'글로벌화된 영화'라는 요소는 트리즈의 31가지 파라미터 중에서 21번 항목인 '고객 자산 / 수요'에 해당된다. '한국적 소재'라는 요소는 31가지 파라미터 중에서 11번 항목인 '공급 사용 / 능력'에 해당된다

따라서 모순 매트릭스의 21번 항목과 11번 항목이 교차되는 지점에 이 문제의 해결 가능한 아이디어가 있다. 모순 매트릭스상에서 21번 항목과 11번 항목이 교차되는 지점을 보면 5가지의 해결 원리가 나온다(부록 참조).

40가지 해결 원리 중에 이 문제를 해결하는 데 도움이 되는 원리는 3번, 25번, 5번, 15번, 10번이다.

- 3번 : 국부적 품질
- 25번 : 셀프서비스
- 5번 : 결합
- 15번 : 역동성 · 유연성
- 10번 : 사전 준비 조치

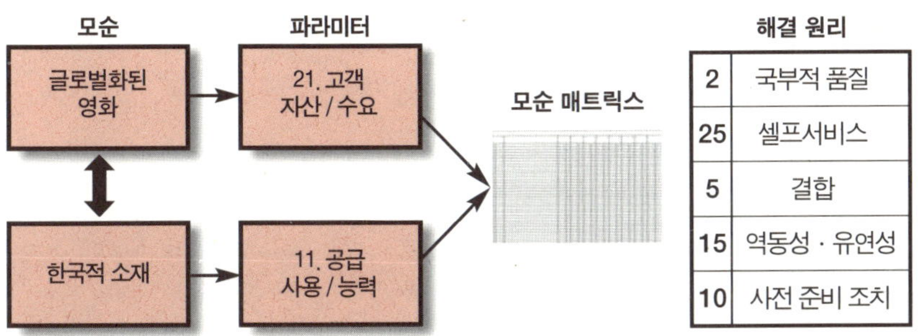

이 5가지 해결 원리를 하나하나 되짚어보면서 이 중에 응용 가능한 아이디어를 찾아본다.

이제 5가지 해결 원리를 비즈니스적으로 응용함으로써 어떻게 새로운 아이디어를 만들어낼 것인지 구상해야 한다. 이때에는 혼자 생각해볼 수도 있고 전문가들과 모여 브레인스토밍 방식으로 토의를 할 수도 있다.

여기까지 생각하다 보면 '미국 시장에서 성공하는 영화'라는 목표에 도달할 수 있는 구체적인 아이디어에 훨씬 근접하게 된다. 트리즈의 모순 매트릭스에서 추천한 5가지 해결 원리를 더욱 골똘히 생각하다 보면 지금까지 남들이 풀지 못한 모순을 해결할 수 있는 새로운 아이디어

번호	해결 원리	비즈니스 아이디어
2	국부적 품질	지역별로 맞춤 프로그램
25	셀프서비스	자체 기술로 개발
5	결합	아날로그와 디지털을 결합
15	역동성 · 유연성	즉각 대응 시스템
10	사전 준비 조치	메인에 들어가기 전에 사전 조치

가 떠오를 수 있다.

심형래 감독은 다음과 같은 몇 가지 새로운 아이디어를 냈다.

- 어린이와 어른이 함께 볼 수 있는 괴수 SF 영화를 장르로 한다
- 한국적인 스토리와 미국의 상황을 연결한다
- 백인을 주인공으로 하고 대사는 영어로 한다
- 컴퓨터 그래픽은 한국 기술로 개발한다
- 과거 장면에는 한국 병사가, 현대 장면에는 유럽식 기사가 등장한다

이처럼 창조적인 아이디어에서 출발한 〈디워〉는 우여곡절 끝에 투자자를 만나 제작을 마쳤으며, 미국 개봉에 앞서 2007년 여름 한국에서

번호	해결 원리	비즈니스 아이디어	〈디워〉 사례
2	국부적 품질	지역별로 맞춤 프로그램	영어로 영화 제작
25	셀프서비스	자체 기술로 개발	컴퓨터 그래픽을 자체 개발
5	결합	아날로그와 디지털을 결합	영화와 컴퓨터 그래픽 결합
15	역동성 · 유연성	즉각 대응 시스템	미국과 한국에서 제작
10	사전 준비 조치	메인에 들어가기 전에 사전 조치	미국 상영에 앞서 한국에서 상영

먼저 개봉한 결과 대성공을 거두었다. 2007년 9월에는 미국 1,500개 극장에서 개봉될 예정이다.

심형래 감독은 헐리우드 식의 한국 영화라는 모순을 〈디워〉를 통해 해결한 것이다.

창의적 문제 해결자들의 공통점

자기 분야에서의 전문성 확보

혁신적인 사고로 미래 창조

고정관념을 갖지 않는다

차별화되는 새로운 컨셉 제기

실패를 두려워하지 않는 행동력

who

마이크로소프트의 빌 게이츠, 애플의 스티브 잡스, 델컴퓨터의 마이클 델, 유튜브의 스티브 첸. 이들처럼 미국에서 벤처 기업으로 성공한 사람들에게는 공통점이 하나 있다. 바로 대학을 졸업하지 않고 창업을 통해 성공했다는 사실이다.

이들의 성공에는 학력이 영향을 미치지 않았으며 집안이나 부모 덕을 본 사람도 없다. 이들의 성공 에너지는 창의적인 사고와 열정에서 비롯되었다. 이들은 남들이 만들어내지 못한 새로운 제품이나 새로운 비즈니스 모델로 도전을 감행했던 것이다.

하지만 아이디어나 열정만 있다고 모두 성공하는 것은 아니다. 어느 한 순간의 아이디어가 새로운 도전을 하는 데 도화선 역할을 하기는 하지만 그보다 더 중요한 것은 그 아이디어를 계속 발전시켜 나가는 창조적인 습관을 몸에 길들이는 것이다. 이 때문에 자신의 분야에서 성공한 사람들은 창조 탐험가라고 할 수 있다.

자신의 분야에서 성공한 사람들은 자신의 전문적인 지식을 바탕으로 새로운 아이디어를 내고 이를 실행해 나가는 열정을 지닌 사람들이다. 이들은 창조적인 사고를 할 때에도 예술가처럼 무한한 상상력만 발휘하는 것이 아니라 새로운 아이디어가 가지는 모순을 해결하기 위해 현실적인 방법을 찾아낸다. 그리고 그 아이디어를 새로운 주장으로 나타내는 능력도 가지고 있다. 구글을 만든 두 명의 청년 페이지와 브린도 새로운 검색어 광고인 애드워즈를 만들어냄으로써 야후가 풀지 못한 모순을 해결했다.

창조적인 사람이라고 해서 특별하게 타고나는 것이 아니다. 따라서 보통 사람들도 창조적인 습관을 몸에 익히면 누구나 창조형 인재가 될 수 있다.

창의력 기법인 트리즈는 단순히 새로운 아이디어를 구상하는 방법만 제시하는 것이 아니라 아이디어를 내고 행동으로 옮기는 과정을 알려주고 있다. 따라서 문제에 직면했을 때 트리즈적인 사고로 트리즈적인 행동을 한다면 누구나 창조적 습관을 길들일 수 있다.

빌 게이츠, 스티브 잡스, 마이클 델, 스티브 첸, 페이지와 브린은 모두 창조적 습관을 몸에 익히고 트리즈적 사고와 행동을 하는 트리즈맨이라 할 수 있다.

창조적 탐험가인 트리즈맨은 다음 5가지 특성을 가지고 있다.

- 지식 : 자기 분야에서의 전문성 확보
- 양면성 : 혁신적 사고로 미래 창조

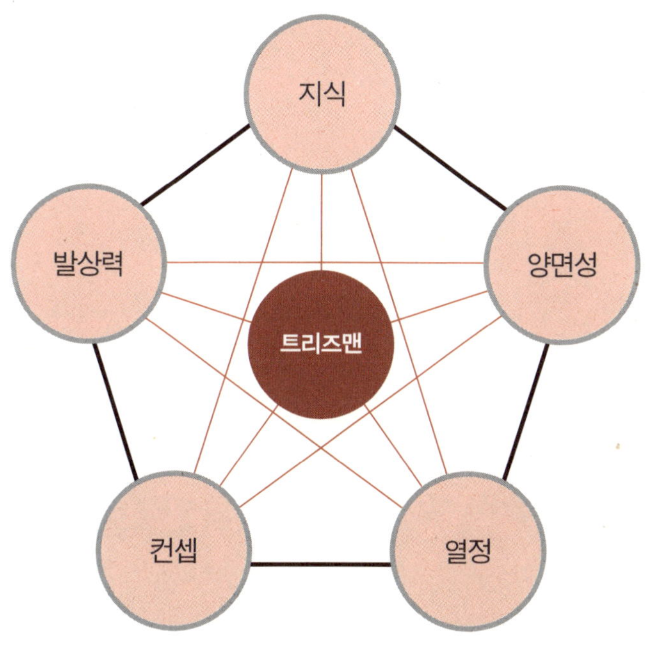

- 발상력 : 고정관념에서 벗어난 자유로운 사고
- 컨셉 : 차별화되는 새로운 주장 제기
- 열정 : 실패를 두려워하지 않는 행동력 발휘

설립한 지 10년 만에 미국 최고의 기업으로 부상한 구글에는 어떤 사람들이 근무하고 있을까? 구글은 어떤 사람들을 원하고 있으며, 구글에서는 어떻게 일하고 있는지 알아보자.

예전에는 마이크로소프트가 모든 소프트웨어 개발자들의 동경의 대상이었다. 근무 환경적으로 아무런 부족함이 없었고, 미래를 주도하고 있다는 자부심을 가질 수 있었으며, 능력 여하에 따라 많은 돈을 벌 수도 있었다.

하지만 이제는 뛰어난 인재들이 구글로 발걸음을 돌리고 있다. 구글은 'MBA 출신들이 가장 선호하는 기업' 1위 자리를 12년 동안 지켜온 컨설팅업체 매킨지 앤 컴퍼니를 밀어내고 최고 인기 직장으로 뽑혔다.

문자 그대로 구글은 MBA 학생들에게 '꿈의 직장'으로 부상했으며, 구글에 근무하고 있다는 것만으로도 대단한 보증서가 되었다.

구글은 언제나 최고급 인재를 원해 왔다. 구글은 직원을 뽑는 데 까다로운 절차를 거치는 것으로 유명하다. 회사를 설립하던 첫날부터 직원 수가 2,000명에 이르는 오늘날까지 구글은 줄곧 자사만의 채용 기준을 엄격히 준수해 왔다. 수학적인 사고방식으로 무장하지 못한 개발자는 구글에 입사 원서조차 내지 못한다.

미국 샌프란시스코 인근에 있는 마테오 산에서 실리콘밸리까지 연결된 101번 도로에는 의문의 광고판이 세워졌다.

광고판에는 아무런 설명 없이 '{첫 10자릿수 소수 e}.com' 이라고만 적혀 있다 광고판의 수학 문제는 18세기 스위스 수학자인 오일러가 만든 무한수를 가리킨다.

수학 문제를 내놓은 광고판이 등장하자 여러 매체들이 일제히 광고판의 정체에 대한 기사를 실었다. 헤드라인 뉴스로 이를 다루기도 했다. 구글이 아무런 표시도 설명도 없는 광고판을 세운 이유는 이 문제를 풀 수 있는 수학적 두뇌를 가진 사람을 골라 입사할 수 있는 기회를 주기 위해서였다.

'{첫 10자릿수 소수 e}.com' 이라는 문제에 대한 답은 7427466391 이다. 이 문제를 풀어 7427466391.com으로 접속하면 두번째 관문인 다른 문제가 나온다.

2단계 문제까지 풀면 비로소 구글 연구개발 부서인 구글랩 페이지로 연결된다.

그때서야 '구글을 키워나가면서 우리가 배운 한 가지 사실은 우리가 찾고자 하는 상대방 역시 우리를 찾고 있을 때 그 사람을 더 쉽게 찾을 수 있다는 것이다. 우리는 세계 최고의 엔지니어를 찾고 있으며, 당신은 여기에 와 있다' 라는 환영 메시지를 볼 수 있다.

구글의 독특한 채용 방식은 여기서 그치지 않는다. '양수 n에 대해서 1과 n 사이에 1이 나오는 횟수를 나타내는 함수를 $f(n)$이라고 한다. 예를 들어 $f(13)=6$이다. $f(n)=n$이 되는 첫번째 양수는 1이다. 두번째 양수는 무엇인가?'

수학 참고서에나 나올 법한 문제이지만 이 문제는 구글의 입사 지원자들이 통과해야 하는 구글연구소능력시험GLAT에 출제된 문제 가운데 하나다.

이는 '최고 괴짜' 를 찾아내겠다는 목표로 시작된 프로그램으로, 길거리 광고판 등에 이 문제를 내놓았으며, 이 문제를 푼 사람은 이력서와 함께 정답을 구글로 보내도록 했다.

구글이 이처럼 신입사원 모집 광고에서부터 튀는 개발자를 찾아내려고 노력하는 이유는 창의력을 발휘할 수 있는 사람을 뽑기 위해서다.

구글의 이러한 채용 방식은 단순히 입사 지원자들의 수학 실력을 중요하게 여기는 것이 아니라 문제를 해결해 나가는 과정과 기발한 사고력을 중요하게 여긴다는 사실을 보여준다.

이렇게 스스로 알아서 문제를 풀어가는 개발자가 많아야 구글 랩과 같은 프로젝트를 원활하게 유지할 수 있으며, 향후 성장 동력을 마련하는 초석을 닦을 수 있다.

구글은 창조적인 능력을 지닌 인재를 원하기 때문에 이런 방식을 고안해 냈다. 이러한 사례를 통해 구글이 원하는 인재의 자질은 '독창성'과 '독립성'이라는 사실을 알 수 있다.

하지만 구글의 직원 채용에 있어 무엇보다 중요한 기준은 입사 지원자에 대한 기존 직원들의 평가다. 구글에 입사하기 위해서는 10여 번의 면접을 거치는데, 가장 먼저 면접관으로 나서는 사람은 바로 지원 부서의 직원이다. 직원이 많지 않았을 때는 창업자인 브린과 페이지가 모든 지원자를 직접 인터뷰한 다음 입사 여부를 결정했을 정도였다.

이처럼 면접에는 경영자와 더불어 합격자가 근무하게 될 프로젝트 부서의 직원들이 반드시 참석하는 것을 원칙으로 한다. 특히 같이 근무하게 될 직원들의 평가를 많이 반영한다.

구글의 신입사원 채용에는 불문율이 있다. 바로 '당신보다 똑똑한 사람을 뽑아야 한다'는 것이다. 이는 구글 채용위원회의 지침이기도 하다. A급 직원이 자신과 비슷한 A급이나 A⁻급 직원을 뽑는 하향 평준화를 막기 위한 조치다.

기존 직원들은 고용 절차를 더욱 공정하게 만들고 선발 기준을 한 단계 끌어올리는 역할을 한다. 백아는 종자기가 알아본다는 속담처럼 지식 근로자들이야말로 뛰어난 능력을 지닌 지식 근로자를 알아보는 안목을 지니고 있다고 믿는 것이다.

독특한 채용 방식을 거쳐서 구글에 입사하게 되면 구글러들은 작은 팀 단위로 업무를 진행한다. 구글이 승승장구하는 것에는 여러 가지 이유가 있겠지만 그 가운데서도 '구글리트Googlette' 라 불리는 소규모의 창조적인 팀을 빼놓을 수 없다.

구글리트는 실무자 중심으로 비공식적으로 구성되는 팀이다. 구글은 작은 팀이 강력한 영향력을 벌휘할 수 있다고 판단해 이런 팀을 운영하고 있다.

실제로 구글 내부에서는 새로운 서비스 개발이 몇 사람으로 구성된 작은 팀에서 진행된다. 심지어는 3~5명이 하나의 팀을 이루기도 한다.

한 예로 현재 많은 사람들이 이용하고 있는 지메일Gmail은 단 3명으로 구성된 팀에서 개발되었다. 또한 가장 유명한 구글 서비스 중 하나인 구글맵도 엔지니어 10명에서 출발한 작은 프로젝트였다. 이처럼 구글리트는 오늘날 구글이 성장하는 데 밑거름이 되고 있다.

이러한 구글리트가 활성화될 수 있었던 것은 창의력을 강조하는 독특한 조직 문화 때문이다. 즉, 구글에서는 조직원들의 창의력이 자랄 수 있는 토양을 제공하고 있다.

'창의력이 강조될 때 차별화가 가능하며, 바로 여기서 경쟁력이 생겨난다' 는 모토 아래 구글은 조직원들의 창의력을 발휘하기 위해 모든 지원을 아끼지 않고 있다.

'세계에서 가장 창조적인 기업' 하면 단연 애플을 꼽는다. 쇠퇴하고 있던 PC 제조 회사 애플을 이처럼 창조적인 기업으로 바꾸어놓은 사람은 스티브 잡스다.

애플을 설립했던 잡스를 회사에서 쫓아낸 이후 애플은 대기업 조직에서 일하던 CEO들에 의해 10년 넘게 관리되어 왔다. 이들의 경영 관리하에서 애플 제품들은 과거의 개성이 크게 희석됐고, 윈도를 기반으로 하는 PC들과의 차별성도 점차 희미해졌다.

상황은 더욱 악화되어 1993년부터는 출시하는 제품마다 실패를 거듭했으며, 1996년 1분기에는 7억 4,000만 달러라는 어마어마한 손실을 기록했다. 경쟁사들보다 수년이나 앞선 기술들을 보유하고 있으면서도 애플은 계속된 시장 점유율 하락과 적자 누적으로 시장에서 뒤처지고 있었다.

당시 애플은 한마디로 최악의 마케팅 기업이었다. 애플은 시장 수요를 고려하지 않은 신기술들을 연이어 발표했는데 출시되는 제품마다 실용성은 떨어지면서도 가격은 경쟁사 제품보다 비쌌다. 게다가 애플은 하드웨어, 소프트웨어 사업 가운데 어느 한쪽에도 집중하지 못해 다른 기종과의 호환성 및 협력 관계도 꾀하지 못했다. 이로 인해 애플은 시장에서 멸종될지 모른다는 위기감에 시달리고 있었다.

그러던 1995년, 애플은 결국 파산 위기에 처했다. 핵심 인재는 떠나고 남아 있는 직원들의 사기는 땅에 떨어져 더 이상 회생할 가망이 없어 보였다. 3명의 전문 CEO를 영입했지만 모두 애플을 위기에서 구하는 데 실패했다.

끝없는 적자 행진은 계속됐으며, 설상가상으로 애플 컴퓨터의 시장 점유율은 1990년대 초반의 8%대에서 4~5%대까지 곤두박질쳤다. 질 아멜리오 회장도 경영 실패의 책임을 지고 중도 퇴진했다.

다급해진 애플은 회사에서 쫓겨났던 스티브 잡스에게 손을 내밀었다. 실패의 상처를 안고 떠났던 그는 12년 만에 연봉 1달러의 조건으로 돌아왔다. 그의 복귀는 큰 기대를 모았지만 대체적인 전망은 여전히 회생 불능 쪽이었다.

그렇지만 스티브 잡스는 크게 달라져 있었다. 그는 복귀하자마자 회사의 국면 전환을 꾀하기 시작하면서 과거의 관습을 버리고 혁신적인 사고로 미래를 창조해 나갔다.

가장 먼저 손을 댄 것은 회사의 브랜드였다. 스티브 잡스는 희석화된 애플 제품의 개성을 되살리기 위해, 그리고 애플 브랜드의 침체된 분위기를 쇄신하기 위해 브랜딩에 투자하기 시작했다. 1997년부터 엄청난 예산을 들여 '다르게 생각하라Think Different' 라는 대대적인 브랜딩 캠페인을 시작했던 것이다.

그는 모든 혁신의 중심을 고객과 디자인에 두었다. 그는 기술 발달로 제품의 기능과 품질이 모두 비슷해짐에 따라 디자인이 소비자의 선택을 좌우하는 가장 중요한 요소가 되었음을 간파했다. 이를 위해 애플은 전문가에게 디자인 개발의 전폭적인 재량권을 부여했다.

과거의 애플은 기술을 맹신한 나머지 소비자의 편의성을 고려하지 않았을 뿐만 아니라 부품 및 소프트웨어 공급자들에 대한 폐쇄적인 정책으로 일관했다. 결과적으로 애플은 IBM에 PC 시장의 주도권을 내주고 고작 10% 내외의 시장 점유율에 만족해야 했다. 하지만 스티브 잡스는 이러한 폐쇄주의를 버리고 디즈니, MS, IBM, 소니 등과 긴밀한 협력 관계를 구축했다.

스티브 잡스는 애플에서 쫓겨난 뒤 픽사Pixar라는 회사를 만들어서

3D 애니메이션 영화를 만들었는데, 당시의 경험을 통해 기술과 감성을 결합해야 고객을 감동시킬 수 있다는 사실을 깨달았다. 스티브 잡스가 애플에 복귀한 이후 MP3 플레이어 사업을 시작하면서 기술과 감성을 결합시키는 시도를 한 것도 이 때문이었다.

기술적으로는 작은 크기에 대용량을 집어넣을 수 있도록 하고, 감성적으로는 단순하고 아름다운 디자인을 추구했다. 기술과 감성의 양면성을 이해하고 있었던 그는 이를 제품에 반영함으로써 아이팟을 개발했고, 5년 만에 1억 개를 판매하는 대성공을 거두었다.

고정관념을 갖지 않는다

새로운 발상이란 특별한 재능을 가진 사람들만 할 수 있는 것이 아니다. 고정관념을 깬다면 누구나 새로운 생각을 할 수 있다.

창조는 고정관념과의 싸움이자 불가능하다고 생각하는 부정적인 사고와의 투쟁이다. 창조력은 스스로 노력하면 누구나 계발할 수 있다. 사람의 근육이 훈련을 통해 강화되듯 생각하는 능력도 훈련을 통해 향상될 수 있다.

인간은 누구나 남보다 뛰어난 능력을 한두 가지쯤 가지고 있다. 그러나 대부분의 사람들은 자신에게 적합한 일을 찾지 못해 장점을 발휘하지 못한다. 자신에게 적합한 일을 찾지 못하기 때문에 주어진 일을 해결하지 못하고 이로 인해 자신이 맡은 일이 잘못되면 남의 탓으로 돌리는 사람들도 생기게 된다.

아사히야마 동물원의 사육사와 수의사들은 주어진 자원 내에서 창조력을 발휘함으로써 자신들에게 주어진 문제를 해결했다. 아사히야마 동물원이 가진 모순은 적은 예산으로 새롭게 재밋거리를 만들어내는 것이었다.

동물원에 희귀 동물을 들여오려면 많은 예산이 소요될 뿐만 아니라 동물들을 유지하는 데에도 많은 비용이 필요하다. 무엇보다 희귀 동물을 들여오면 일시적으로 관람객이 늘어날지는 모르지만 그 효과는 오래가지 않기 때문에 또 다른 희귀 동물을 들여오지 않으면 같은 문제가 되풀이되는 상황이 닥친다.

아사히야마 동물원은 이러한 문제점과 모순을 창조적으로 해결했다. 기존의 동물들이 행동하는 모습을 가까이서 보여주기로 했던 것이다. 아사히야마 동물원은 동물원 규모가 작기 때문에 동물들의 노는 모습을 가까이에서 볼 수 있다는 장점을 갖고 있었다.

펭귄관에서는 육지에 있는 펭귄의 우스꽝스러운 모습을 보여주는 것이 아니라 물속에서 자유롭게 노는 펭귄의 모습을 보여주었다. 물밑으로 투명한 터널을 만듦으로써 어린이들이 물속을 헤엄치는 펭귄을 보면서 마치 펭귄이 하늘을 날고 있는 듯한 느낌을 가질 수 있도록 만든 것이

하지 말아야 할 것	해야 할 것
• 고정관념을 버려라	• 전문성을 살려라
• 부정적 사고에서 벗어나라	• 모순의 양면을 해결하라
• 선입관을 제거하라	• 상상력을 발휘하라
• 변화에 대한 공포에서 벗어나라	• 개념(컨셉)을 분명히 하라
• 사고결핍증을 치료하라	• 아이디어를 실행에 옮겨라

다. 이처럼 아사히야마 동물원은 제한된 자원 내에서 창조적인 발상으로 모순을 해결했다.

한편 거대한 새장 아이디어를 위해서는 높이 14미터의 네트를 준비했다. 이 네트로 3,300제곱미터 넓이를 에워싼 뒤 20여 종류의 물새들을 풀어놓았다. 이로 인해 새장을 방문한 사람들은 날아오는 백조들을 눈앞에서 볼 수 있었으며, 이곳을 '도토리 마을'이라고 이름 붙였다.

다음은 호랑이 우리였다. 동물원에 가면 대부분 잠을 자고 있거나 앉아 있는 호랑이를 볼 수 있을 뿐이었다. 하지만 아사히야마 동물원은 발상을 바꾸어서 호랑이 우리 아래로 관람객이 지나갈 수 있도록 설계도를 변경했다. 이로써 사람들은 호랑이의 잠자는 얼굴뿐만 아니라 발바닥과 발톱의 형태까지 가까이서 선명하게 볼 수 있게 되었다.

바다표범관에서는 관람 공간의 중간에 대형 원통 기둥을 세움으로써 이 원통관을 통해 바다표범이 수직으로 헤엄쳐 오르는 모습을 볼 수 있도록 만들었다. 한편 시설 안에는 원주형 수조를 설치하여 바다표범의 우아한 선헤엄을 보여주었다.

차별화되는 새로운 컨셉 제기

새로운 아이디어로 멋진 디자인의 제품을 만들었다고 하더라도 그 의미를 상징할 수 있는 새로운 컨셉을 만들어야 소비자들을 강력하게 유혹할 수 있다.

삼성전자는 40년 동안 TV를 만들어왔지만 세계 최고는 되지 못했다. 이에 삼성전자는 세계 최고의 TV를 만들기 위해 기술적으로 노력하는 한편 새로운 디자인을 개발했다.

각고의 노력 끝에 탄생한 새로운 개념의 TV를 '보르도 TV'라고 이름 붙였으며, 이 TV는 삼성전자를 세계 최고의 TV 회사로 만드는 데 결정적으로 기여했다.

보르도 TV를 개발한 창조탐험팀이 어떻게 활동했는지 살펴보자. 삼성전자는 수원에 132만 제곱미터 정도의 부지를 가진 공장이 있으며, 본사와 마케팅 조직은 서울에 있다. 수원공장에는 각 사업 부문별로 개발, 생산, 자재, 관리팀이 분산되어 있다.

이러한 조직 시스템은 대량 생산을 할 때는 효율적이지만 새로운 일을 추진하고 시장의 변화를 수용하기에는 애로사항이 많다. 이러한 조직상의 문제를 타파하기 위해 삼성전자에서는 VIP_{Value Innovation Process} 센터가 만들어졌다.

VIP 센터는 1998년 윤종용 부회장의 주도로 탄생됐다. 윤 부회장이 1980년대 후반에 합리화 추진본부장을 맡아 경영 혁신 활동을 펼치던 당시 강조했던 'GVE_{Group Value Engineering}' 개념을 더욱 활성화시켜 현장에 제대로 적용하자는 취지에서 VIP 센터를 만들었던 것이다. GVE란 제품에 관련된 각종 요인을 검토해 비용 절감을 추구하는 가치공학_{VE}을 삼성화한 개념이다.

그렇다면 VIP 센터에는 어떤 사람들이 모여 있는 것일까?

실제 제품 판매를 극대화하려면 마케팅 전문가의 조언이 필요하다. 또한 소비자의 취향을 파악하려면 영업사원의 경험을 토대로 해야 하며, 생산 원가를 절감하려면 생산 부서의 얘기를 들어야 한다. 디자인 역시 제품을 만드는 과정에서 반드시 고려해야 할 사항이다. 하지만 일반 기업의 조직표를 보면 연구개발, 생산, 마케팅, 디자인은 각각 분리돼 있다. 업무가 다르기 때문이다. VIP 센터는 이처럼 다른 부서의 사람들이 모여 CF팀(협업팀)을 구성하도록 만들었다.

현재 VIP 센터 내에는 20개의 CF팀 룸이 있다. CF팀에서는 의사 결정이 신속하게 이루어지기 때문에 일의 효율이 높은 것은 물론, 각 단계의 담당자들이 한데 모여 일을 하기 때문에 나무가 아닌 숲을 보며 일할 수 있다는 장점이 있다. 다양한 각도에서 현상을 파악하기 때문에 숨겨진 문제점이 빨리 발견되며 불가능하다고 생각했던 문제가 의외로 쉽게 해결되기도 한다.

VIP 센터는 팀원들의 상상력과 창의력을 이끌어내기 위해 여러 가지 환경을 조성하고 있다. 특히 전문성과 효율성을 높이기 위해 팀별로 VIP 센터에 소속된 전문가들을 배치해 놓았다. 이로써 과제 수행 단계에서 어려움에 봉착할 경우 즉각 전문가들의 도움을 받을 수 있도록 하고 있다.

VIP 센터에는 공인가치 혁신 전문가[CVS]와 프로세스 설계 전문가[PMP], 트리즈 전문가 등 각 부문 전문가 40여 명이 상주하면서 프로젝트 수행 팀의 도우미 역할을 담당하고 있다.

이로 인해 부서나 팀 간 장벽이 자연스레 무너졌으며 유기적인 협력이 일상화되었다.

소비자들이 자신의 지갑을 여는 이유는 가치를 사기 위해서다. 그러므로 소비자가 사고자 하는 욕구를 불러일으킬 수 있는 가치를 개발해야 한다. 하지만 이는 기술자 혼자 판단할 수 없는 문제이며 마케팅팀이나 디자인팀의 도움이 필요하다. 한편 원가를 낮추려면 생산이나 구매 쪽의 협력이 필수적이다.

이러한 협업이 가능하려면 개발에 들어가기 이전 단계에서부터 모든 사항을 철저하게 계획해야 한다. 예전처럼 제품을 개발하고 난 이후에 이런저런 기능을 추가하거나 디자인을 바꾸다 보면 원가가 상승하고 제품 출시 시기도 늦어진다.

VIP 센터에서는 제품을 개발할 때마다 일정한 절차를 거친다. 먼저 하드웨어, 소프트웨어, 마케팅, 구매, 부품개발, 상품기획 등 각 분야의 담당자들이 함께 팀을 구성한다. 그런 다음 시장과 고객과 경쟁사에 대한 분석을 실시하며, 이러한 분석 결과를 통해 고객에게 가장 가치 있는 요소가 무엇인지 추출한다. 이러한 과정을 거친 후에는 아이디어를 극대화함으로써 상품 컨셉을 구상한다.

팀원들은 이러한 과정에서 상품 구상, 정보 분석, 정보 변환, 소비자 니즈 체계화, 포지셔닝(목표 고객층 설정), 컨셉 설계, 컨셉 검증, 컨셉 확정 등의 절차를 거쳐 상품화 기획을 마무리한다.

보르도 TV 역시 이 같은 과정을 거쳐 개발되었다. 포도주 잔과 같은 TV를 만들자고 컨셉을 설정한 뒤 제품 개발에 착수했고 개발이 진행되는 동안 TV 생산에 대한 준비를 했으며, 생산 단계에서는 마케팅을 통한 판매 준비에 돌입했다.

사전에 이같은 과정을 거쳤기에 보르도 TV는 국내 판매와 동시에 유럽에서도 판매를 시작할 수 있었으며, 제품 발매와 동시에 전세계적인 마케팅 활동을 전개할 수 있었다.

실패를 두려워하지 않는 행동력

창조란 지금까지 존재하지 않았던 것을 처음으로 시도하는 것이므로 실패할 확률이 높다. 또한 남들이 가지 않았던 새로운 길을 가는 것이므로 변화에 대한 두려움도 극복할 수 있어야 한다. 때에 따라서는 새로운 시도에 대한 다른 사람들의 비난도 감수해야 한다. 이처럼 실패를 극복하고 두려움을 이기고 비난을 감수하게끔 만드는 힘은 바로 열정이다.

창조적인 실행자 가운데 열정적이지 않은 사람은 없다. 한 예로 스타벅스의 하워드 슐츠는 기존의 커피숍과는 전혀 다른 커피숍을 창조했다. 이 새로운 모델을 실행하기 위해서는 열정이 필요했기에 그는 직원들에게 항상 '당신의 뜨거운 가슴을 커피 잔에 담아라'라고 주문했다.

이러한 하워드 슐츠의 열정과 직원들의 열정이 합쳐져 오늘날의 스타벅스를 만들었다.

　하워드 슐츠는 어렵게 성장한 노동자의 자녀였기에 출신이나 학력은 볼품없었다. 청년 시절 그는 가끔씩 가던 스타벅스의 커피 맛에 매료되었다. 스타벅스는 1972년 시애틀의 파이크 플레이스 마켓에 처음으로 문을 연 커피하우스 운영 업체였다.

　스타벅스의 커피 맛에 지대한 관심을 가진 하워드 슐츠는 커피 체인점을 하고 싶어했고, 1982년 스타벅스 소매 담당 및 마케팅 담당이사로 합류하게 되었다. 이후 슐츠는 스타벅스의 커피를 고급 레스토랑과 에스프레소 바에 공급하는 등 적극적인 영업 활동을 펼쳤다.

　1983년, 이탈리아로 여행을 간 슐츠는 밀라노에서 에스프레소의 인기를 목격하고 깊은 인상을 받았다. 이탈리아의 커피 문화와 취향은 시애틀의 커피 문화와는 무척 달랐다. 그리고 그는 이탈리아의 커피 바 문화가 시애틀에서 인기를 끌 수 있는 잠재력을 가지고 있다고 판단했다. 이에 슐츠는 유럽식 커피숍을 회사의 새로운 비즈니스 모델로 제시했다. 사업적 영감을 얻은 슐츠는 시애틀에 커피 바 개념을 실험했으며, 이 성공적인 실험을 통해 1985년 창업을 하게 되었다.

　독자적으로 커피 바를 운영하고 싶었던 슐츠는 1985년 스타벅스의 커피콩을 원료로 공급받아 제조한 커피와 에스프레소 음료를 서비스하는 '일 지오날레Il Giornale'를 설립했다. 기존의 스타벅스가 좋은 향과 맛을 가졌으나 소비자의 기호를 창조해 내고 이끌어가는 새로운 변화에는 신경을 쓰지 않았던 틈새를 파고들었던 것이다.

2년 후 눈부신 성장을 거듭한 일 지오날레는 지역 투자자들의 후원을 등에 업고 스타벅스의 자산을 합병했다. 스타벅스와 합병하면서는 일 지오날레라는 낯선 이탈리아식 이름을 버리고 지명도가 높은 미국식의 스타벅스로 사명을 변경했다. 이처럼 하워드 슐츠는 소비자 심리에 내재된 선호도나 패턴 같은 시장 흐름을 자연스럽게 인식하고 있었다.

슐츠는 발상을 전환함으로써 단순한 커피 전문점을 사람과 사회가 만나는 공간으로 재창조했다. 스타벅스를 방문하면 최고 품질의 커피, 열정과 낭만, 그리고 긴장을 풀 수 있는 편안한 공간이 기다리고 있다는 믿음을 제공했던 것이다.

슐츠 회장은 지금도 '예스맨'을 필요로 하지 않는다. 그는 고객을 위한 서비스를 끊임없이 생각하는 본인의 DNA를 종업원들도 갖기를 희망하고 있다.

하워드 슐츠는 별다를 것 없던 커피 비즈니스를 '사람 비즈니스'로 정의하고, 스타벅스만의 가치를 창조해 냈다. 또한 직원들이 맡은 일에 최선을 다할 수 있는 환경을 조성하기 위해 직원들과 비전 및 조직 철학을 공유했다.

스타벅스에서는 직원들을 '종업원employee'이라 부르지 않고 '동업자partner'라고 부른다. 커피 회사인 스타벅스의 경쟁력은 커피 전문가인 직원들에게서 나온다고 슐츠 회장은 믿고 있기 때문이다. 하워드 슐츠는 "스타벅스가 매장 수가 아닌 파트너들의 지식을 통해 성장하고 육성되고 있다는 사실에 무한한 자부심을 느끼고 있다"라며 "파트너들이 회사 성공의 초석이며, 이들의 아이디어, 헌신, 고객 서비스가 스타벅스 경험의 필수 요소"라고 강조한다.

이처럼 하워드 슐츠는 직원들을 급여만 받아가는 월급쟁이가 아니라 회사 성장을 이끄는 동업자로 간주하고 있다. 한 예로 미국에 근무하는 스타벅스의 파트너는 비정규직이라도 본인이 의료보험료의 28%만 부담하며 나머지 72%는 스타벅스에서 지불한다. 호주, 캐나다, 칠레, 중국, 코스타리카, 홍콩, 아일랜드, 미국 등에서는 자격을 갖춘 파트너에게 스톡옵션도 제공한다.

스타벅스의 성공 신화는 사람들에게 투자를 함으로써 더욱더 빛을 발했다. 하워드 슐츠는 다음과 같은 인간 중심의 경영 철학을 공개 천명했다. "회사의 최우선 순위는 직원들이며, 그 다음 순위가 고객이다. 직원이 행복하면 고객도 행복하며, 직원이 고객을 잘 대하면 고객은 다시 방문할 것이다. 이것이 바로 사업 수익의 진정한 원천이다."

【 트리즈맨 체크리스트 】

창조적 탐험가의 모델을 트리즈맨이라 하는데, 이 트리즈맨이 가지는 5가지 자질을 항목별로 점검하면 다음과 같다.

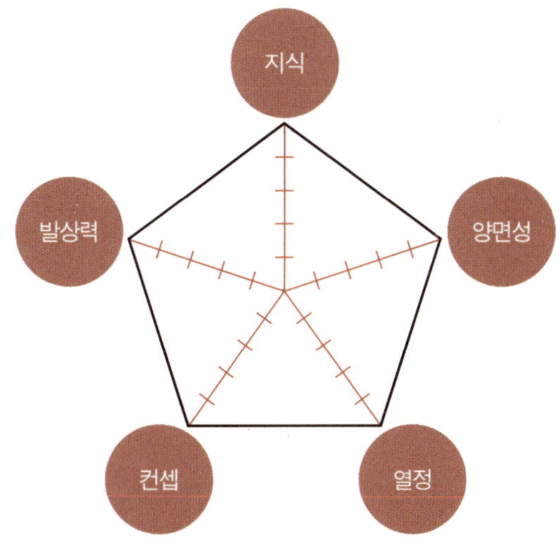

여기서는 자신이 얼마나 창의적인 사람이며 열정적으로 행동하는가를 점검해 보기 위해 지식, 발상력, 컨셉, 양면성, 열정의 5가지 요소를 각각 10개의 문항으로 구성했다. 각 문항에 대해서는 '매우 그렇다 5점, 그렇다 3점, 그렇지 않다 1점' 3가지 척도로 점수를 표시한다.

모든 문항은 10개로 구성되어 있으므로 요소별 만점은 50점이다. 점수를 표시한 후에는 각 요소별로 소계를 낸다. 그런 다음 소계 점수를 레이더차트로 옮기면 자신의 트리즈맨의 유형을 파악할 수 있다.

A | 지식 지수

01_ 나는 시대의 트렌드를 이해한다 (　　)
02_ 나는 매일같이 새로운 정보를 받아들인다 (　　)
03_ 나는 내 비전을 이루는 데 어떤 능력이 필요한지 잘 알고 있다 (　　)
04_ 나는 내 안에 채워지지 않은 무엇인가를 채우기 위해 노력한다 (　　)
05_ 나는 능력 향상을 위해 꾸준히 노력한다 (　　)
06_ 나는 누구에게서나 배우려는 자세를 갖고 있다 (　　)
07_ 나는 책을 열심히 읽는다 (　　)
08_ 나는 전문 분야에서 능력을 인정받고 있다 (　　)
09_ 나는 전문 분야의 응용 능력을 갖고 있다 (　　)
10_ 나는 지식과 정보를 다른 사람과 공유한다 (　　)

소계　(　　)

B | 발상력 지수

01_ 나는 호기심이 많다 (　　)
02_ 나는 새로운 것을 좋아한다 (　　)
03_ 나는 고정관념을 깨고 새로운 아이디어를 많이 내놓는다 (　　)
04_ 나는 상상한 것을 그림으로 그려낸다 (　　)
05_ 나는 말한 내용을 글이나 표로 표현한다 (　　)
06_ 나는 상상한 내용을 실제 행동으로 옮긴다 (　　)
07_ 나는 명상하고 반성하는 시간을 충분히 갖는다 (　　)
08_ 나는 다른 사람의 아이디어를 이끌어낸다 (　　)
09_ 나는 다른 사람의 아이디어를 한 단계 끌어올릴 수 있다 (　　)
10_ 나는 다른 사람과 협력하여 새로운 것을 만들어낸다 (　　)

소계　(　　)

C | 컨셉 지수

01_ 나는 앞길에 대한 방향 감각을 갖고 있다　(　)

02_ 나는 남들이 보지 못한 기회를 포착한다　(　)

03_ 나는 가끔 남이 가지 않은 길을 간다　(　)

04_ 나는 새로운 일을 할 때 전략을 짠다　(　)

05_ 나는 새로운 것에 대해 핵심 개념을 잘 이해한다　(　)

06_ 나는 새로운 것에 대해 핵심 개념을 잘 표현한다　(　)

07_ 나는 남보다 잘할 수 있는 능력을 갖고 있다　(　)

08_ 나는 아이디어가 남다른 성과를 만들어낸다　(　)

09_ 나는 일의 우선순위를 알고 있고 중요한 일을 먼저 한다　(　)

10_ 나는 다른 사람 앞에서 나의 주장을 자연스럽게 표현할 수 있다　(　)

소계　(　)

D | 열정 지수

01_ 나는 성공에 대한 꿈을 갖고 있다　(　)

02_ 나는 하고 싶은 일을 찾아서 한다　(　)

03_ 나는 내 능력을 발휘하면서 즐겁게 일한다　(　)

04_ 나는 실패에 대한 두려움이 없이 일한다　(　)

05_ 나는 어려움을 이겨내는 힘을 가지고 있다　(　)

06_ 나는 스스로 동기부여하면서 일을 실행한다　(　)

07_ 나는 좋아하는 일을 포기하지 않는다　(　)

08_ 나는 일에 대한 자신감을 가지고 있다　(　)

09_ 나는 다른 사람의 열정을 이끌어낼 수 있다　(　)

10_ 나는 일을 할 때 시간 계획을 세운다　(　)

소계　(　)

E | 양면성 지수

01_ 나는 불확실성에 대한 포용력을 가지고 있다 （　　）

02_ 나는 창의력을 고양하는 데 갈등이 중요한 역할을 한다고 믿는다 （　　）

03_ 나는 모순적인 생각들에 대해 혼란스러워하지 않는다 （　　）

04_ 나는 모순을 찾아내고 해결하는 능력을 가지고 있다 （　　）

05_ 나는 패러독스나 아이러니를 받아들인다 （　　）

06_ 나는 남들이 해결하지 못한 문제를 해결할 수 있다 （　　）

07_ 나는 감성과 이성의 양면성을 조화시킬 수 있다 （　　）

08_ 나는 다른 의견을 가진 사람을 설득할 수 있다 （　　）

09_ 나는 입체적 사고를 통해 강점과 약점을 동시에 본다 （　　）

10_ 나는 적당한 스트레스를 즐기며 혼자 있을 때 스트레스를 푼다 （　　）

소계　（　　）

매우 그렇다 **5점**　｜　그렇다 **3점**　｜　그렇지 않다 **1점**

각 요소별 소계의 점수를 레이더차트에 표시한다.

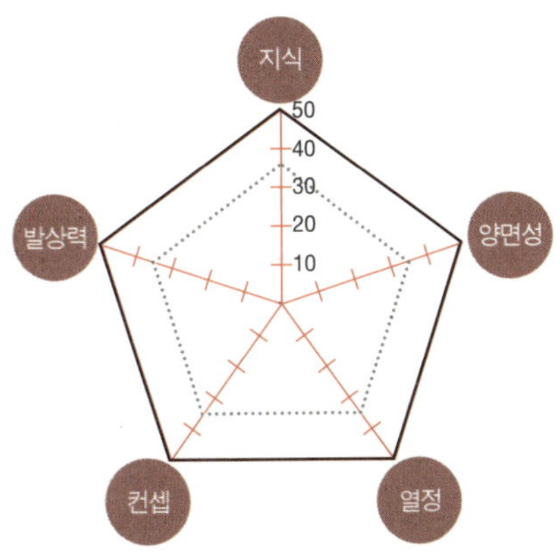

각 요소에서 35점 이상의 점수가 나와야 창조적 탐험가라고 할 수 있다. 이때 5가지 요소 모두 35점 바깥으로 표시되는 것이 바람직하다.

한편 관료적 습관을 가진 사람은 아래 왼쪽의 레이더차트와 같이, 창조적 습관을 가진 사람은 아래 오른쪽의 레이더 차트와 같이 표시될 것이다.

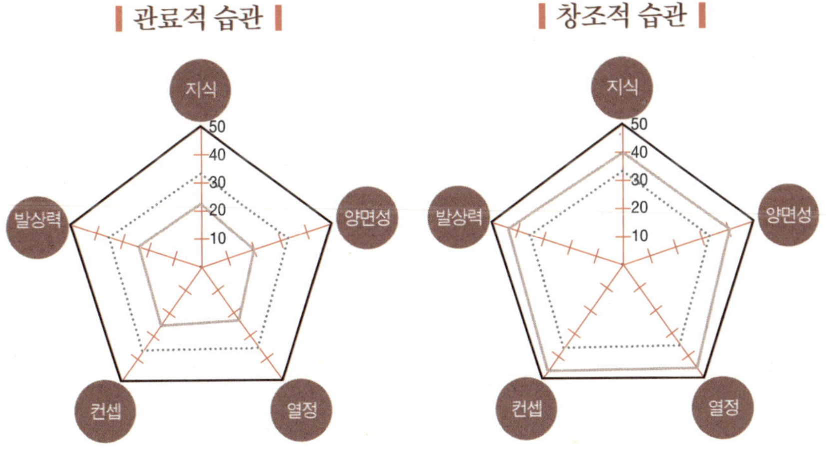

최고의 창의력 도구, 트리즈

〈맥가이버〉는 1980년대에 선풍적인 인기를 끌었던 TV 프로그램이었다. 람보같이 근육질도 아니고 007같이 무기를 잘 다루는 것도 아니었던 맥가이버가 큰 인기를 끌었던 이유는 뛰어난 지능으로 보는 이에게 흥미와 스릴을 느끼게 했기 때문이다. 그는 체격도 그리 크지 않고 아무런 무기도 없었지만 순간순간 기지를 발휘해 위기에서 탈출했다.

그의 주머니에는 작은 칼 하나만 있었는데, 이 칼에는 가위, 송곳, 드라이버, 톱 같은 여러 가지 도구들이 달려 있었다.

이 칼은 스위스 군인들이 애용한다고 해서 스위스아미 칼이라고도 하고 맥가이버가 자주 사용했다고 해서 맥가이버 칼이라

고도 부른다.

맥가이버는 위기의 순간이 닥칠 때마다 이 맥가이버 칼을 이용해서 주변에 흔한 나뭇가지나 페트병을 새로운 도구로 만들었다. 그는 주변 자원의 화학 원리와 물리적 특성을 제대로 파악하고 있었기에 이를 최대한 활용할 수 있었던 것이다.

트리즈는 마치 맥가이버 칼과 같은 창의력 도구다. 제한된 자원 하에서 적절한 도구를 이용하여 창조적으로 문제를 해결해 나가는 것이 트리즈와 맥가이버의 공통점이다.

〈맥가이버〉에서는 언제나 자신에게 닥친 여러 가지 어려움을 극복한 맥가이버가 엷은 미소를 띠는 것으로 끝을 맺었다. 그의 마지막 미소는 창조적으로 문제를 해결한 후 스스로 느끼는 기쁨을 표현하는 것이었다.

우리도 어려운 문제를 스스로 해결하거나 남들이 미처 생각하지 못한 새로운 아이디어로 성과를 낼 때면 창조의 기쁨을 느끼곤 한다. 영업사원이 새로운 고객을 발굴했을 때, 마케터가 새로운 시장을 개척했을 때, 개발자가 신제품 개발에 성공했을 때, 리더가 새로운 비즈니스 모델을 개발하여 성공했을 때의 기쁨도 여기에 속할 것이다.

물론 이러한 비즈니스적인 창조력을 항상 발휘할 수는 없다. 그러나 생활 속에 다음과 같은 노력을 지속하다 보면 창조력이 더 자주 발휘될 수 있다.

- 새로운 길로 가면서 새로운 발견을 한다
- 요리를 해본다
- 글을 써본다

- 새로운 아이디어를 스케치해 본다

- 책을 읽은 뒤 서평을 인터넷 사이트에 올린다

- 모형 제작물을 만들어본다

- 간단한 DIY를 스스로 제작해 본다

- 자신의 블로그를 운영해 본다

- UCC를 제작해 본다

이처럼 생활 속에서 꾸준히 창조력을 발휘하다 보면 창조적 습관이 몸에 배게 되고 이는 비즈니스적인 창조력에도 자연스럽게 영향을 미치게 된다. 비즈니스적인 창조력을 발휘할 때에는 창의력 훈련과 함께 적절한 방법론들을 활용하면 더욱 좋다.

마인드맵이나 브레인스토밍, 트리즈와 같은 도구들은 맥가이버 칼과 같은 역할을 해줄 것이며, 이와 같은 창의력 도구를 잘 활용한다면 당신도 맥가이버처럼 창의적 문제 해결자가 될 수 있을 것이다.

부록

Imaginative Habit

1. 트리즈의 39가지 요소(엔지니어링)

01 | 움직이는 물체의 무게 Weight of moving object

02 | 고정된 물체의 무게 Weight of stationary object

03 | 움직이는 물체의 길이 Length of moving object

04 | 고정된 물체의 길이 Length of stationary object

05 | 움직이는 물체의 면적 Area of moving object

06 | 고정된 물체의 면적 Area of stationary object

07 | 움직이는 물체의 부피 Volume of moving object

08 | 고정된 물체의 부피 Volume of stationary object

09 | 속도 Speed

10 | 힘 또는 세기 Force or intensity

11 | 스트레스 또는 압력 Stress or pressure

12 | 형상 Shape

13 | 조성물의 안정성 Stability of object's composition

14 | 강도 Strength

15 | 움직이는 물체의 작동 기간 Duration of action of moving object

16 | 고정된 물체 사물 의 작동 기간 Duration of action of stationary object

17 | 온도 Temperature

18 | 조명의 세기 또는 빛의 세기 Illumination intensity

19 | 움직이는 물체의 에너지 소모량 Use of energy by moving object

20 | 고정된 물체의 에너지 소모량 Use of energy by stationary object

3. 트리즈의 40가지 해결 원리

01 | 분리 Segmentation

02 | 추출 Taking out · 적출 Extraction

03 | 국부적 품질 Local quality · 다양화

04 | 비대칭 Asymmetry

05 | 결합 Combining · 통합 Consolidation

06 | 다용도 Universality · 보편성

07 | 포개기 Nesting · 안에 집어넣기

08 | 평형추 Counter weight · 부양하기

09 | 사전 반대 조치 Prior counteraction

10 | 사전 준비 조치 Prior action

11 | 사전 예방 조치 Cushion in advance · 쿠션, 보정 Compensation

12 | 긴장 완화 Remove tension · 높이 맞추기

13 | 반대로 하기 · 반전 Do it in reverse

14 | 곡선화 Curve · 타원형 Spheroidality

15 | 역동성 Dynamicity · 유연성 · 가변성

16 | 과부족 조치 Partial or excessive action

17 | 다른 차원 Transition into a new dimension

18 | 진동 Vibrate

19 | 주기적 조치 Periodic action

20 | 유용한 작용의 지속 Continuity of useful action

A │ 물체를 독립적인 하위 시스템으로 나눈다

- 제품 단위별로 조직을 분할
- SWOT 분석
- 대규모 프로젝트를 작업 단위별로 분해
- 카노 다이어그램Kano Diagram : 기본 품질, 성능 품질, 매력 품질별로 분석
- 중앙 컴퓨터가 처리하던 작업을 개인용 컴퓨터로 대체

B │ 물체를 조립하고 분해하기 쉽도록 만든다

- 단기 프로젝트에 임시 직원을 채용
- 유연한 생산 시스템(다품종 소량 생산)
- 모듈화된 가구, 조립 가구, 모듈화된 컴퓨터 부품

원리 **02** │ 추출 · 적출

A │ 원하지 않는 부분이나 특성을 빼낸다

B │ 필요한 부분이나 특성을 빼낸다

- 두려움을 없애줌
- 품 에어컨 압축기의 모터 소음을 피하기 위해 건물 밖으로 분리
- 공항에서 새를 쫓기 위해 새가 무서워하는 소리를 녹음해 방송
- 쥐가 가장 무서워하는 고양이 소리를 녹음해 방송
- '사용하지 않는 바탕화면' 모으기 기능
- 린 제조Lean manufacture

  린 원칙Lean process (VA 또는 NVA 가치 부과 활동 추출)

A | 물체 또는 환경을 균질 상태에서 비균질 상태로 바꾼다

- 획일적인 급여 구조로부터 탈피(능력별로 지급)
- 탄력 근무제Flexible time 운영
- 프랜차이즈 패스트푸드점은 공통적인 메뉴 외에 그 지역 특유의 메뉴가 있음
  Globalization
- 캐주얼데이(정장을 입지 않는 날) 지정

B | 여러 부분이 서로 다른 기능을 수행하게 한다

- 소프트웨어의 맞춤형 상품 Customizing
- 식반은 각기 다른 음식을 담을 수 있도록 여러 가지 형태를 갖춤

C | 물체의 각 부위가 최상의 작동 상태가 되게 한다

- 공장과 유통 센터를 고객과 근접하게 배치
- 지역 고객들에 대한 지식을 얻기 위해 그 지역 사람을 고용
- 절삭 공구의 경우 전체의 강도를 높일 필요 없이 팁의 끝부분만 다이아몬드
  로 코팅

원리 **04** | 비대칭

A | 대칭형을 비대칭형으로 바꾼다

B | 이미 비대칭형이라면 비대칭 정도를 높인다

- 수요-공급 관계에서 수요 비중을 높임

- 말레이시아 페트로나스 타워 건설 현장에서는 2미터의 높이 차를 두고 크레인 설치
- PDP에서 청색 형광체의 휘도輝度가 불충분해 화면이 어두움. 과거에는 크기가 같았던 셀 크기를 청색만 넓게 만들어 밝기 개선
- 판매 편견에 영향을 주는 시간(주기)으로부터 벗어남(겨울에 아이스크림 판매 등)

원리 05 | 결합 · 통합

A | 동일하거나 유사하거나 연관된 기능을 수행하도록 결합 또는 통합한다

- 쇼핑몰
- 멀티상영관/종합 재무 서비스
- 더 원활하게 작업을 할 수 있도록 개인용 PC를 네트워크로 연결
- 젊은 기술자의 아이디어와 나이 든 기술자의 경험을 융합
- 제품 설계 단계에서 고객의 도움을 얻음(VOC 반영)
- 주말여행 패키지/콜 센터
- 다양한 혈액 검사를 동시에 할 수 있는 의료 진단기기

원리 06 | 다용도 · 보편성

A | 한 물체가 다른 물체의 기능까지 수행한다

- 직원들의 다기능화
- 침대 겸 소파를 통해 공간 절약

A ｜ 하나의 물체를 다른 물체 속에 넣는다
- 상점 속에 상점(꽃가게, 커피 전문점)
- 은행 내의 작은 은행(ATM기)
- MLCCMulti-Layer Ceramic Capacitor(적층 세라믹 커패시터)
- 주방의 그릇 정리, 반찬통
- 기중기의 필/크레인 팔
- 줄자

B ｜ 하나의 물체가 다른 물체의 구멍을 통과한다
- 망원경, 지시봉
- 카지노 호텔 건축 구조(라스베이거스 스타일) : 손님은 화장실에 갈 때도 게임 지역을 통과하도록 만들어놓음

원리 **08** ｜ 평형추 · 부양하기

A ｜ 물체를 부력이나 상승력을 갖는 다른 물체에 결합시킨다
- 매출이 줄어드는 품목을 매출이 증가하는 다른 품목과 연결하여 판매함으로써 매출을 호전시킴
- 유행을 타는 물건은 'New'라는 단어와 결합시킴
- 영화 동시 상영
- 헬륨 가스가 든 풍선에 광고물을 매달아놓음

B ｜ 여러 가지 힘을 이용해 침체 경향을 부양한다
- 정치에서 대중의 관심 사항을 이슈화하거나 공약으로 내세워 투표율을 높임

B | 여러 가지 힘을 이용해 침체 경향을 부양한다

- 정치에서 대중의 관심 사항을 이슈화하거나 공약으로 내세워 투표율을 높임

원리 09 | 사전 반대 조치

A | 유해한 효과를 차단하기 위해 미리 반대 조치를 취한다

- 해고 전에 보상, 전직 알선, 의사소통 패키지를 미리 준비함
- 프로젝트 착수 전에 위험도를 측정하고 행동 수칙을 정의함(FMEA 등 정형화된 위험 평가 방법을 사용)

B | 미리 반대의 응력을 준다

- 프로젝트가 시작되기 전 팀 빌딩 활동
- 변화와 혁신에 대한 저항을 줄이기 위해 영향력 있는 직원과 고참들을 끌어들여 변화 계획 수립에 참여시킴
- 시베리아에서는 겨울에 자동차 시동 전 전기히터로 엔진 예열 : 언 기름으로 인한 엔진 손상 예방, 연료 절약
- 철도 레일 이음매 : 온도 변화에 따른 레일의 팽창 및 수축을 감안

원리 10 | 사전 준비 조치

A | 미리 요구되는 작용을 수행한다

- JIT Just-In-Time 공장에서 간판 배치
- 회의를 하기 전에 안건을 배포

- 나무를 베는 데 8시간이 필요하다면 나는 도끼를 가는 데 6시간을 쓸 것이다
  —에이브러햄 링컨
- 낚시 전 떡밥을 뿌려놓음
- 조선소에서 도크 없이 선박 건조시 사전 조치
- 미리 풀칠한 벽지

원리 **11** | 사전 예방 조치 · 쿠션 · 보정

A | 미리 안전 조치와 예방 조치를 취한다
- 컴퓨터 데이터를 백업
- 안티 바이러스 소프트웨어를 수시로 실행
- 의자를 없앰으로써 짧고 효과적인 미팅 촉진
- 시나리오 계획Scenario planning, 시나리오 로드맵
- 고속도로 난간에 충격 흡수가 큰 타이어 설치
- 퓨즈 상자Fuse box : 과전류 유입 시 퓨즈는 자동 훼손되고 전원이 차단됨
- 스프링쿨러 : 연기와 온도를 감지하여 화재를 방지
- 승용차 에어백, 구명보트를 갖춘 배, 보조 낙하산

원리 **12** | 긴장 완화 · 높이 맞추기

A | 긴장 해소를 위해 환경을 변화시킨다(물체의 위치를 변경시키기 매우
어려울 때 사용)
- 피터Peter 원리 무능력 상태까지 승진(하지만 느긋함도 필요)

- 커뮤니케이션은 격렬하기도 해야 하고 따뜻하기도 해야 함
- 파나마 운하 : 해면 높이의 차를 해결하기 위해 갑문식으로 설계

원리 **13** | 반대로 하기 · 반전

A | 반대 작용을 실행한다(예를 들어, 가열 대신 냉각)
- 경기 침체기에 조직 축소 대신 공격적인 조직 확산
- 최상 대신에 최악을 대비하는 벤치마킹
- 헬스장의 러닝머신
- 패스트푸드, 패스트 트래블Fast Travel ↔ 슬로 푸드, 슬로 트래블Slow Travel

B | 움직이는 부분을 고정시키고 고정된 부분을 이동시킨다
- 콜택시 / 이동 도서관
- 출퇴근 ↔ 재택 근무

C | 물체를 돌리거나 뒤집는다
- 헬프 데스크에 전문가 배치

원리 **14** | 곡선화 · 타원형

A | 직선 부분을 곡선으로, 평면을 곡면으로, 정육면체를 구 모양으로 변경한다
- 인체 공학적인 책상 및 작업 공간 설계

• 잉크가 잘 나오도록 볼펜 끝에 볼을 사용

• 롤필름 : 카메라 시장 확대에 기여

• 금문교의 쇠줄 : 로프 꼬임

• 나선형 계단 : 공간 효율 향상, 미적 요소

• 아라비아 칼은 반원형으로 되어 있어 적은 힘으로 물체를 뺄 수 있을 뿐만 아
  니라 칼의 강도도 강함

B │ 직선 운동을 회전 운동으로 변경해 원심력을 활용한다

• 리더 로테이션

• 순환하는 PDCA 사이클 활용

• 반복 및 설계 루프

원리 **15** │ 역동성 · 유연성 · 가변성

A │ 주어진 상황에서 최고 능력을 발휘하도록 바꾼다

• 고객 대응 팁 / 즉각적 반응 부대

• 내지진 설계 : 지진 충격 흡수 장치, 베어링, 움직이는 건물

• 자동차 전동 거울, 의자, 핸들 조정 장치, 도로 연동 신호

B │ 움직일 수 있게 만든다

• 퍼니처 온라인 쇼핑 : PC에서 제품을 돌려가며 볼 수 있음

• 자바라 도어

A │ 많거나 적게 함으로써 문제를 해결한다

- 파레토 법칙처럼 상위 20%에 집중
- 신시장 진입시 모든 미디어를 동원한 융단 폭격식 광고
- 약간만 자른 포장지 : 개봉하기가 쉽다
- 자동차 사이드 미러 : 세게 밀면 뒤로 젖혀져버린다

원리 **17** │ 다른 차원

A │ X축, Y축 등을 이용해 차원 변화 물체 운동을 1, 2, 3차원으로 바꾼다

- 매트릭스 조직 : 라인 관리에서 프로젝트 관리로 전환
- 기판의 집적도를 높이기 위해 다층 기판을 사용
- 코닝사의 박막 유리 제조 공법 : 말 구유통에서 유리 용액을 수직으로 흘려 절단

B │ 반대 측면에서 바라보고 활용한다

- 조직을 외부에서 관찰
- 판매 프로세스를 보는 새로운 방법 : 카펫을 파는 대신 대여해 줌. 고객은 카펫 구입비와 설치비 대신 매월 서비스 비용을 지불

A | 진동을 이용한다

- 우리가 조직 내에서 가장 두려워하는 것(동요, 혼란, 불균형)은 창조성의 주요 원천이다 —마가렛 위틀리
- 진동 면도기
- 초음파 세척기 등(안경)
- 고객 만족(CS)을 이용한 매출 증대

원리 **19** | 주기적 조치

A | 연속적인 조치를 주기적 조치로 바꾼다

- 가변 차선제
- 안식년 휴가제
- 지속적으로 실시하던 소프트웨어 업그레이드를 특정 시점마다 집중해서 수행하도록 전환

B | 작용과 그 다음 작용 사이의 시간 간격을 이용한다

- 24시간 자동차 서비스 운영(고객 관점) : 저녁 때 맡기고 다음날 아침 찾을 수 있도록 함
- 차량 경고등은 잘 보이도록 간헐적으로 번쩍임

원리 **20** | 유용한 작용의 지속

A | 모든 부품이 중단 없이 풀가동 상태로 작동되게 한다

- 공장에서 병목 구간 운용을 지속함으로써 최적 페이스에 도달하도록 함
- 레미콘 차 회전 : 재료를 섞고 굳지 않게 함
- 건설 : 콘트리트가 굳도록 열풍기를 지속적으로 가동

B | 중단되는 동작이나 간헐적 동작을 없앤다

- 업무가 중단된 동안 교육 훈련 실시

원리 **21** | 고속 처리 · 뛰어넘기

A | 유해하거나 위험한 요소를 제거하기 위해 고속으로 수행한다

- 빠르게 실패하고 빠르게 학습
- 문제 있는 프로세스의 빠른 회복
- 빠르게 원형prototype화
- 신문 잉크는 300도의 히터로 가열하여 말림
- 플라스틱을 자를 때 온도 전파, 변형 방지를 위해 빨리 자름

A ｜ 바람직한 효과를 얻기 위해서 해로운 요소(특히 환경 요소)를 활용한다
- 갈등 상황을 윈윈win-win 상황으로 바꿈(예 : 가격을 낮추는 대신 장기 계약을 체결)
- 독성 물질을 연구해 독성 물질로부터 보호하는 방법을 찾음

B ｜ 유해한 요소를 결합해서 유해함을 제거한다
- 경쟁에 대한 두려움을 도입함으로써 변화에 대한 두려움을 없앰

C ｜ 유해한 정도를 증가시켜 더 이상 유해하지 않게 한다
- 제품의 공급을 제한하여 희소가치를 만들어냄(예 : 한 스포츠카 제조 회사는 자동차 생산을 제한함으로써 수년간 대기 목록을 유지하는 정책을 고수)
- 산불을 막기 위해 맞불을 지름

원리 **23** ｜ 피드백

피드백을 도입한다

A ｜ 시스템의 효율 향상과 밀접한 발명 원리
＊로봇이나 시스템의 제어에는 반드시 이 원리가 필요함
＊통계적 프로세스 관리(SPC) 및 예산 관리

- 설계 프로세스에 고객을 참여시킴
- 히터의 온도를 정확하게 유지하기 위해 온도 센서를 통해 히터에 흐르는 전류를 조절
- 인터넷 책사이트 아마존은 방문한 독자들에게 온라인 서평을 쓰게 함. 독자

들은 이 서평을 전문 서평보다 더 선호함
- 자신의 생각이 직속 관리자에게서 지지받지 못한다고 느낄 때 상급 관리자에게 반대 의견서minority report를 제출

원리 **24** | 매개체

A | 작용을 수행하거나 전달하기 위해 매개체를 사용한다
- 어려운 협상을 할 때 편파적이지 않은 사람을 이용
- 목수가 못을 박을 때 망치와 못 사이에 보조기구를 사용
- 소변을 보기 어려워하는 노인을 위해 노인이 소변을 볼 때 간호사가 물을 틀어줌
- 여행사
- UPS 배송 시스템은 핵심 분류 센터를 이용
- 중매자

B | 쉽게 제거할 수 있는 매개체를 임시로 도입한다
- 컨설턴트 고용

원리 **25** | 셀프서비스

A | 객체나 시스템이 스스로 기능을 완성하도록 한다
- 슈퍼마켓의 바코드는 즉각적으로 가격 정보를 제공하는 동시에 미래 마케팅에 대한 의사결정을 돕기 위한 정보를 수집

• 화장실의 손 씻는 세면대에 센서를 부착하여 물을 효율적으로 사용

B | 버리는 자원과 에너지를 이용한다

• 퇴직자를 재고용해 그들의 경험이 필요한 업무에 투입

• 자원 재활용

원리 **26** | 대체 수단 · 복사

A | 복잡하고 비싼 제품 대신 간단하고 값싼 복제품을 사용한다

• 세미나에 참석하는 대신 오디오 테이프를 들음

• 맞선을 보기 전에 대상자의 사진을 미리 봄

• 희귀한 고서나 고문서를 스캔하여 모두 열람할 수 있도록 하되 원본은 보호

B | 비가시적인 것을 가시적인 것으로 대체한다

• 해외 출장시 영상 회의로 회의를 대신함

• 개인 일정표를 사내 인트라넷으로 관리

C | 이미 가시적인 것이라면 다른 시각적인 방법을 이용한다

• 인터뷰나 설문지 같은 다양한 방법을 활용해 종업원의 도덕성과 사기를 평가

A | 값싸고 수명이 짧은 제품 또는 일회용품으로 바꾼다

- 시뮬레이션 기능 분석용, 파일럿 훈련용(가상 전쟁 게임, 가상 비즈니스 개선)
- 일회용 종이 제품을 사용함으로써 내구재를 청소 · 보관하는 비용을 줄일 수 있음

원리 **28** | 다른 감각 · 재설계 · 기계 시스템의 대체

A | 기계적 장치를 광학, 음향, 다른 감각(시각, 청각, 미각, 촉각, 후각)으로 대체한다

- 당신이 불을 끄고 침대에 누웠을 때 힐튼 호텔에 있는 것 같은 느낌을 갖게 하는 것이 우리의 목표다 —호텔 CEO
- 제과점에서 갓 구운 빵의 냄새를 퍼뜨려 홍보
- 가스 누출을 알리기 위해 악취 나는 물질을 가스에 첨가

B | 다른 장(전기장, 자기장 등)을 이용하여 객체와 상호작용하게 한다

- 컴퓨터 데이터를 백업
- 자동 GPS 센서를 통해 배달용 트럭이나 택시의 위치를 중앙 통제 센터에 알려줌

C | 장을 다음과 같이 변화시킨다

   ① 움직이지 않는 장을 움직이는 장으로

   ② 고정된 장을 시간에 따라 변하는 장으로

   ③ 불규칙한 장을 체계적인 장으로

- 현장 순회 관리Management by walking around

D | 장을 다른 입자와 함께 사용한다
- 교통량 조절을 위한 라디오 자동 무선 레이더 지불 시스템High-pass

원리 **30** | 유연하고 얇은 막

A | 유연하고 얇은 막을 이용해 유해한 환경으로부터 객체를 격리시킨다
  *무게는 줄이고 에너지 효율은 높임

- 개방된 공간에서 일하는 사무실 근로자가 집중할 필요가 있을 때 커튼을 침으로써 자신을 혼란스러운 외부 환경으로부터 차단
- GE가 개발한 안전 전구는 테플론 필름으로 전구 유리를 코팅함으로써 전구가 깨져도 유리가 비산하지 않게 함

원리 **31** | 구멍 · 다공성 소재

A | 물체를 다공성으로 만들거나 다공성 요소(삽입물, 덮개, 코팅)를 추가한다
- 모든 계층에서 접속 가능한 인트라넷을 개발함으로써 내부 의사 소통을 향상시킴
- 소음 흡수용 벽 마감
- 황토벽이 콘크리트 벽보다 좋은 이유는 다공 구조라서 열 발산이 적고 습도 조절이 용이하기 때문

A | 물체나 환경의 색을 변화시킨다
- 빛을 사용하여 방이나 사무실의 분위기를 바꿈
- 색깔을 사용하여 경계 상태를 알림
- 회사 색의 창조 : 강력한 브랜드 이미지 창조(정유 회사들은 고유의 색을 사용함으로써 경쟁 업체와 차별화함)

B | 물체나 환경의 투명성을 변화시킨다
- 투명한 조직

C | 색깔 등 광학적 성질을 변화시킨다
- 운전석의 실내 백미러에 코팅 : 후방 차량의 전조등을 약한 불빛으로 바꿈
- 형광체

원리 **33** | 동질성

A | 상호작용하는 객체를 같은 재질(또는 비슷한 특성을 가진 재질)로 만든다
- 제품 브랜드 부여 : 같은 브랜드를 갖는 제품군
- 목적의 지속성, 항구성
- 다른 조직간 데이터를 공통의 프로토콜로 바꿈

A │ 기능을 완수했거나 필요 없게 된 객체의 요소는 폐기하거나 그 작업
과정 중에 변형시킨다
- 프로젝트 단위로 계약직 고용
- 특수 장비 및 설비를 임대하여 사용
- 약 캡슐은 먹은 후에 녹는 물질로 제조
- 총을 쏜 후에 탄피는 버림

B │ 소모된 부분을 작동 중에 복원시킨다
- 지속적인 개선 활동을 위한 정기적 재충전

원리 **35** │ 특성 변화

A │ 시스템의 물리적 상태를 변화시킨다
*사용하는 원리나 물성을 근본적으로 개선(가장 많이 사용되는 원리임)

- 가상 쇼핑
- 텔레뱅킹
- 전자 투표
- 액체 비누 : 편리하고 위생적임
- 산소, 질소, 가스 등은 운반시 부피를 줄이기 위해 액화시킴

B │ 농도나 밀도(집중도)를 변화시킨다

- 여섯 색깔 모자Six thinking hats
- 팀 구조를 바꿈(축구 경기에서 후보 선수 활용 등)

C │ 유연성의 정도를 변화시킨다

- 초보자부터 전문가까지 선택해 사용할 수 있는 소프트웨어

원리 **36** │ 시스템 상태 변화

A │ 상태 전이시 발생하는 현상

＊부피 변화, 열 발산, 열 흡수 등을 이용

＊고체, 액체, 기체, 플라즈마 상태

- '성숙기bull' 에서 '유지기bear' 시장으로의 전이
- 와인 얼린 조각을 액체 초콜릿에 넣음
- 물이 얼 때 팽창하는 속성을 이용해 바위를 깸

원리 **37** │ 관계 변화 · 재료의 열팽창

A │ 유용한 효과를 얻기 위해 시스템 요소 간의 관계 변화를 이용한다

- 열정을 갖고 있으며 권한 위임을 받은 사람은 그렇지 않은 사람 3명의 몫을 해냄

- 미온적인 태도에서는 중요한 발견이나 창의적 사고가 나오지 않는다—메리 헤인
- 바이메탈 원리를 이용한 자동 온도 조절기

원리 **38** | 활성화 · 산화 가속

A | 일반 환경에 활성화 요소를 추가한다

- 팀에 새로운 피, 새로운 도전 과제 투입
- 산소를 오존으로 바꿔 화학 반응을 가속화
- 산소용접기
- 정화조 부패 가속화

B | 일반 환경을 활성화된 환경으로 바꾼다

- 프로젝트 팀을 구성할 때 사람들의 화학 반응을 고려(상호 작용을 통해 불꽃 튀는 분위기를 조성할 수 있는 사람을 찾아라)
- 잠수용 산소통

원리 **39** | 비활성화 · 비활성 환경

A | 현재 환경을 비활성 환경으로 바꾼다

- 비즈니스에서는 냉각, 중립, 무관심, 무시가 필요할 때도 있음
- 불연재 자재 사용
- 전구의 필라멘트를 보호하기 위해 아르곤 또는 질소 가스를 주입

B | 객체에 중성 물질이나 중성 첨가물을 도입한다

- 작업 공간에 조용한 영역 도입
- 미팅에서 휴식 시간 : 반응을 알아보기 위한 휴식을 가짐

원리 40 | 복합화

A | 복합 재료 또는 복합 구조

- 강의, 시뮬레이션, 온라인, 비디오 등의 조합으로 훈련
- 각기 다른 성격을 가진 사람들로 팀을 구성
- 강한 사람과 부드러운 사람을 조화시켜 협상팀 구성
- 탄소 섬유 골프채 : 가볍고 강함
- 비행기 동체 : 티타늄 복합재료를 사용함으로써 비행기 무게를 대폭 줄임

트리즈 워크숍

● 창조경영의 실천

고객 가치 창조경영은 기업이 추구하는 방향이며 철학입니다. 창조경영을 실현하려면 이를 추진할 수 있는 방법론이 있어야 합니다. 적절한 방법론이 없이 각자마다 다른 방법을 쓰면 성과를 내기 힘듭니다. 창조경영의 실천 주체는 직원들인 바 직원의 창의력을 살려주는 아이디어 워크숍이 활성화되어야 합니다.

● 창의적 문제 해결

새로운 아이디어를 내는 창의력 기법으로 마인드맵이나 브레인스토밍이 널리 쓰이고 있습니다. 그러나 이들 기법은 시행착오Trial & Error를 피하기 어렵습니다. 트리즈TRIZ는 러시아에서 개발된 창의력 기법으로 새로운 아이디어를 내서 기술개발이나 특허를 연결할 때 효과적입니다.

● 트리즈 워크숍

트리즈 워크숍은 트리즈TRIZ를 이용하여 비즈니스의 문제를 창의적으로 해결하는 창의적 문제 해결 과정입니다. 트리즈 워크숍은 비즈니스, 마케팅, 기술, 서비스의 사람들이 모여서 새로운 제품개발, 사업개발, 문제해결을 위한 아이디어를 내고 실행안을 만듭니다.

● 트리즈 워크숍의 구성

- 아이디어를 낼때에도 맨 땅에 헤딩하지 말고 단계를 밟는 것이 좋습니다.
- 트리즈 워크숍은 트리즈TRIZ에서 창의적 문제 해결 프로세스를 거치며, 과제를 선택할 때는 경영에 결정적인 제약 요소를 찾아서 합니다.

- 트리즈 워크숍은 다음 5단계를 거쳐서 아이디어를 내고 실행방안을 마련합니다.
  - 》 공동목표 Objective
  - 》 전체그림 Modeling
  - 》 숨은 모순 Contradiction
  - 》 추천 아이디어 Abstractive solution
  - 》 해결원리 Principle
- 최고의 아이디어는 그룹속에서 나옵니다. 아이디어 창조 워크숍은 5~7명의 다기능 팀CFT, Cross Function Team이 서로의 의견을 이야기하여 최적 솔루션을 찾아내도록 합니다.
- TRIZman 소프트웨어를 이용하여 창의적 문제해결의 실습을 합니다.

● 소프트웨어

트리즈의 모순 매트릭스Contraction matrix를 이용하기 쉽도록 PC용 소프트웨어가 개발되어 있다. 40가지 원리를 그래픽으로 보여주고 한글로 개발되어서 누구나 쉽게 이용할 수 있다. 엔지니어링 버전과 비즈니스 버전이 한 CD에 들어 있어서 윈도우 환경의 PC에서 작동된다

Imaginative Habit

창조경영아카데미
www.TRIZman.net

서울시 서초구 서초동 1624-8 훼르자빌딩 3층 TEL 02/521-5554 E-mail ceo@markrtingmba.co.kr

창조적 습관
Imaginative Habit

초판 1쇄 인쇄 | 2007년 9월 10일
초판 5쇄 인쇄 | 2010년 6월 10일

저자 | 김영한
펴낸이 | 계명훈
기획편집 | 권무혁 김남순
마케팅 | 함송이
펴낸곳 | for book

디자인 | 이혜경디자인
교정교열 | 신순남
인쇄 | 미래프린팅
출력 | 타임출력

주소 | 서울시 마포구 공덕동 105-219 정화빌딩 3층
판매문의 | 02-753-2700(에디터)
등록 | 2005년 8월 5일 제2-4209호

값 11,000원
ISBN 978-89-960063-1-2 03320